亲爱的孩子 见字如面

陪孩子走进青春期

清华附中语文特级教师给青春期孩子的家书集

王君——著

王君

2019.7.1

重庆大学
出版社

آزاد ۱،۲،۳

自唐朝孟郊的一首《游子吟》之后，母亲的角色就成了那根引针牵褥的长线，"父书空满箧，母线萦我襦""向来多少泪，都染手缝衣"……这一根根长线的牵拉，既是寄托也是规训，把家庭教育摆在了传统的门槛上，而你现在读到的是这样的一位母亲——她彤管弄墨，勉学督行，以书信的形式，把大爱化为散发着母性、柔软长情的文字。

其实，陪伴孩子成长的过程，甘苦涩平，会让人产生不少困惑。生活中，我们常常会听到家长们抱怨，"与孩子无话可说""怎么问都不开口"，而与留守儿童的沟通，更成障碍，父母与孩子交流的内容无外乎"作业做完了吗？""钱够花吗？"……寥寥数语后，亲情干涩紧绷，只剩距离。其实这还不算是最糟糕的场面，孩子成长到某个阶段，会出现不同程度的叛逆，孩子叛逆的时候，更让人焦头烂额：这一厢热血沸腾，那一厢置若罔闻；你"以毒攻毒"，还会起到相反的作用……只能寻遍良方，希望能找到解决与孩子沟通障碍的灵丹妙药。

君妈妈是特级教师，青春语文掌门人，感知、理性加上半生教涯总结出的教子之方，恰似灵丹。她细腻如实地描述了叛逆期儿子的举动，在《请原谅妈妈当年不懂温柔》一文里："你气呼呼地回到自己的小屋，'啪'的一下关上了门。"这样的场景，相信在不少家庭也上演过。常见的做法是，要么强行打开门，摆出家长式威严；要么摇摇头走开，躲在一边涕泗横流。面对一身毛刺的"刺猬"，君妈妈没有动用武力把他收拾成顺民，而是顿悟了，坦诚剖白"如果时光可以倒流，亲爱的孩子，我会回到起点，认认真真地修炼自己，让一切重新来过"，承诺"温柔，将会是妈妈追求的第一品质。不，是唯一品质"。细思这些饱蘸深情之言，不禁想起麦家说的"年轻人，或者说青春期就是一个危险，可以上天也可以入地，可以是一把刀也可以是一朵鲜花。我们作为长辈，只有一种选择，帮助他变成一朵花，抹平尖刃的地方。帮助他度过最摇摆不定、像定时炸弹一般的这样一个阶段"，麦家给出的是警告，君妈妈传递的则是方法——要想改变孩子，先得修炼自己。另外，叛逆期最令家长担心的应该是网瘾，尤其现在智能手机操控了一代孩子的成长。怎样引导孩子正确使用手机，使其不沉溺于虚拟游戏？对此，很多父母焦虑，老师烦恼，而君妈妈的秘诀是耐心，再耐心。在《孩子，放下你的手机，看看世界》一文中她先是连用了七个"总在看手机"，不断提醒孩子不要变成电子产品的奴隶；然后现身说法，告诉儿子，这个假期她丢开手机的收获。这些切身的感受和方法包含着慈悲、抚慰、宽容、疗愈、不敷衍、不勉强，君妈妈希望用爱唤醒孩子，没有一句虚言，字字让人动容乃至感佩！

这些家书也为我们塑造了一位赞美型的母亲形象。反观那些不能与父母正常交流的孩子，往往在同龄人面前滔滔不绝，可见他们不是不善于表达，而是不愿在父母面前表达，这就提醒了我们与孩子交流需要智慧。我们反躬自问，这些年给了孩子多少赞美之词呢？差不多都是这山望着那山高，总是拿自家孩子跟别人家孩子较劲。"儿子，你不知道，那个时刻，你用你的温柔和理性，挽救了不温柔、不理性的妈妈。我对你感激、佩服得五体投地啊。"君妈妈潺潺流水般的文字，毫不掩饰的赞美，就像开启心扉的钥匙，打开孩子的心结。其实父子或母子，就犹如两棵根系相融、血脉相连的植物，彼此深深地插进了对方的土壤。如果我们能够像君妈妈那样遏制怒火，手自笔录，毫不吝啬赞美，相信会有更多像尹犀墨这样懂事的孩子，所有的不快和委屈都会成为笑与泪的幸福点缀。一位君妈妈文章的读者说"如果不是你的文章，我和我儿子会形同陌路，因为我们不知道怎么和对方说话"，可见这些传情达意的家书也启发了有同样境遇的读者。

关于感情的问题，因其敏感性，一些家长总是顾左右而言他，难以启齿，尤其是在孩子的青少年阶段。这些家书，比如《我们没有三生三世，只有一生一世》《因为爱，所以妥协》《2016，请喜欢一个姑娘》等篇章，直言不讳地谈起对爱情的认知和感受。比如在《2016，请喜欢一个姑娘》中，君妈妈用吴念真的《思念》告诉孩子，"喜欢不是爱"，接着补充说，"世界上有一种感情，像水晶一样澄澈。它不是爱情，但和爱有关。它距离爱情，还有长长的一段距离"。她指出喜欢和爱的特质……这些都强调了爱情的责任、担当。其实关于爱情的体验，她跟《傅雷家书》里的直截了当地要求儿子在处理爱情与事业的关系上，要做到"事业第一，爱情第二"，即使"最激烈"的时候也不能动摇事业，大相径庭。君妈妈的独特之处，是把最严肃的话题融入观剧的感悟中。那些热门的影视剧，在君妈妈笔下，竟成了情感的赏析材料，因情境熟悉而生动感人，既不强迫孩子接受，也不逼迫孩子拒绝，而是我欲与君相知的推心置腹。我也非常认同这些说法，哀怨情恨，是自然能力，是成长规律。生了恋爱之心而不盲目，心智会"更健全更可靠"。我曾经在专栏《情人节，我们聊聊爱情》中写道，"我一直认为：遇到了，爱上了，不是犯了'错误'，更不是什么丑恶现象。"君妈妈说："人，在哪个阶段爱上哪一个人，正入万山圈子里，一山放过一山拦。"爱的确是一种能力，一种积极的力量。电影《星尘》有这么一段表白："爱是唯一能让我恒久忍耐地看着你们这个人间世界的理由。"所以，如果家长们能跟君妈妈学习，在孩子面前不掩饰，坦诚跟孩子交流，聊爱情，不也是一种生活的艺术吗？它折射着生命的体验和理性之光。

这些家书，篇篇充满柔情，将君妈妈半生的教学体验和生命感悟相融合，引领孩子走向阔远的世界。"孩子，可能在你这个年龄你还未必会喜欢这首歌。在未来，当你经历了更多人生的洗礼之后，你会慢慢喜欢上它。""孩子，你还小，妈妈像你这么大的时候，也跟你一样无法理解这样的生活。"她等待孩子的节节生长，关注孩子的未来走向，相信孩子都有属于"自己的时代"。孩子的成长需要等待，龙应台曾在《蝴蝶结》中写道："我，坐在斜阳浅照的石阶上，望着这个眼睛清亮的小孩专心地做一件事；是的，我愿意等上一辈子的时间，让他从从容容地把这个蝴蝶结扎好，用他五岁的手指，孩子慢慢来，慢慢来。"其实我们家长平日跟孩子谈及成长，往往是一副迫不及待的样子，功利、浮躁掩盖了孩子的个性，让人特别心痛。这些霸道的做法在孩子低年级时能够收到立竿见影的效果，但随着孩子年龄的增长，独立意识的增强，这种做法容易引起他们的抵抗。敢于给孩子时间，笃信慢的艺术，是一种胆识，也是一种智慧。

在六篇《110 公里柴达木盆地行散记》里，我们还可以看到这样的一位母亲，脚履丈量、泥步修行，她用自己的行动告诉孩子：很多人，最后都把梦想变成了白日梦，没有付诸行动，这是对生命最大的辜负。所以她要"把一辈子当两辈子来用""自讨苦吃"，尽管会遭受严峻的考验；所以她不断行走，寻找另一个自己。她相信孩子在人生的旅途中，能有更开阔的行走空间，"浩瀚大漠踩泥丸，亲历方方知天地宽"，只有亲历过的人，才能理解等待唤醒的意义，也才能喊出"天地才是大课堂"的春雷滚滚。

当然这三十多篇家书，远不止以上所谈及的这些方面，其内容丰富，或深情低婉，或爽朗热烈，或幽默深邃，既没有对孩子一味赞美，也没有严厉的批评，而是她四十多年人生际遇的体悟，从綦江小城到繁华的首都，再到经济发达的南方，其中辛苦不足与外人道，那就说给孩子听吧，让孩子感受生存之道，受到精神的洗礼、情感的熏陶，何乐不为？

目 录
contents

第一辑 ●○○○

来自行走中的妈妈

把一辈子当两辈子来用

——100 公里柴达木戈壁行散记（1）

亲爱的孩子：

我理解你的不理解：为什么爸爸妈妈要"自讨苦吃"？日常工作就已经累得像狗一样了，好不容易有个假期，窝在家里调整、休息、上上网、看看视频、打打游戏多好，干吗非要跑出去折腾？爸爸要穿越大半个中国到海南骑行；妈妈呢，跋涉到那柴达木的无人区徒步 100 多公里……你觉得大人太奇怪了！

孩子，你还小，妈妈像你这么大的时候，也跟你一样无法理解这样的生活。我跟你同岁的时候，身体还很孱弱，是个体育永远不及格、永远当不了三好学生的小姑娘。体育课上我总是心虚地躲在人后，运动会更是跟我没有半毛钱关系。当时，我去过的最远的地方、最大的城市是重庆——那已经遥远和庞大到超过我的想象。

可是，孩子，人生是一个多么奇妙的变化过程。你永远不知道生活的下一块巧克力是什么味道。应该从你能记事起，妈妈就已经是一个运动狂了吧？你小时候，跟着妈妈，跟着妈妈带的班，不知爬了多少山，走了多少路。最艰难的一次，我们在凤凰岭阳台山的山谷中迷失，一天走了40多公里才走出来。现在的妈妈，跟少年时代的妈妈，完全是两个人。你知道吗？孩子，每一个人，都在发生着让自己也吃惊的变化。所以，你永远不要觉得自己会一成不变，会永远是现在这个样子。

相信自己会成长，亲身去经历这样的成长，这便是生命的意义。

爸爸妈妈为什么要出来找苦吃呢？简单说，有以下几个原因：

首先，一辈子的时间太短了，爸爸妈妈都想把一辈子当成两辈子来用。

说到时间，孩子，妈妈小时候跟你现在一样，对它是没有概念的。我们会觉得最廉价的、天经地义应该拥有的就是时间。我们有时候会因银行卡上的数字变小而忧虑，但对时间的流逝却毫无察觉。妈妈也是到了30岁以后，特别是这两年，才对浪费时间有了彻骨之痛。你才刚刚走进青春期，但是，妈妈已经走在"奔五"的路上了。妈妈能蹦能跳、想去哪儿就能去哪儿的时间已经不多了。我们一起读过《毛毛》，也一起看过电影《时间》。与时间相比，其他事都显得微不足道了。孩子，考试失败100次算什么呢？被生活践踏、被人蔑视又算什么呢？如果我们足够强大，我们都可以置之不理，但只有时间的流逝，我们不可能熟视无睹。你也看到，比同龄人稍显年轻的妈妈也在长白头发，也在长皱纹。在不久的将来，现在像个小姑娘一般的妈妈也会成为一个步履蹒跚的小老太太。就像你最最亲爱的姨公，你小时候最能跟你疯跟你狂[1]的姨公，在患上心血管病后，哪儿也去不了了，连话也很少很少了。

1　疯、狂：是长辈跟晚辈玩儿的意思，用夸张的语调和肢体语言来逗弄晚辈。——编者注

孩子，衰老是每一个人生命必经的轨迹，没有什么能够打败时间。它是绝对的暴君，且不可被推翻。我们在它面前，唯有俯首称臣，唯有更加敬爱它、怜惜它，把一分钟当成两分钟用，把一辈子当成两辈子用，把生命的每一天都当成生命的最后一天用。

正因为这个原因，妈妈要到柴达木来走这 100 多公里。

爸爸妈妈从西部农村一直走到清华，也去了国外的很多地方，再大的城市我们都不再稀奇。现在，我们想去看看无人区，我们相信，海拔 3 000 米高原上的戈壁荒滩，一定有无与伦比的美。再不去，妈妈怕来不及了！孩子，如果你的心里有什么渴望做的事，那就一定要赶快去做。梦想、渴盼，给生命以意义，给成长以真谛，而很多人，最后都把梦想变成了白日梦，没有为之付出行动，这是对生命最大的辜负。

就像《滚蛋吧！肿瘤君》中，弥留之际的熊顿喊出来的那对生命的呼唤：

> 听一场摇滚，和耳朵一起一醉方休；喝一圈烈酒，让酒腻子们闻风丧胆；开一场 cosplay party，二次元万岁；摸一下大蜥蜴，我熊胆威风凛厉；吃三斤驴打滚，翻滚吧肠胃；飙一把摩托车，成为风驰电掣的女王；见一下微博红人，感受马伯庸亲王的慈祥；至少学会一样乐器，为喜欢的人弹；种一次昙花，守望着它盛开；做一桌丰盛的晚餐给爸妈，哪怕色不香，味不美；来一次夜钓，汲取月光静谧的能量；仰望喀纳斯的星空，寻找属于我的星座；沐浴漠河的极光，感受它的神秘；去山顶看一次日出，然后大喊"滚蛋吧，肿瘤君"。

电影中这个片段，妈妈看得热泪盈眶。因为妈妈懂，那是来不及的爱、来不及的活啊！

第二，是妈妈想给自己找点儿苦吃。

这也许你就更不理解了。趋利避害、追求享乐是人的天性，但是，孩子，妈妈希望你知道，生命中的很多"害"是根本"避"不了的，你只能迎接，只能承担，只能忍受。欢乐和喜悦都躲在这些承担和忍受之下，这是生命的悖论。我们这一生，想要平安过完已经不易，如果还想过得好，过得有所成就，那就是难上加难，更需要坚韧不拔的意志和超越常人的广阔心胸。这意志，这心胸，老天爷不会赐予你。你想要，只能自己修炼。

而吃苦，是最好的修炼方式。

孩子，你要相信，吃苦这个东西，跟吃糖一样，也好玩，也有意思，也会让人上瘾。

在这次远征柴达木100公里的团队中，有妈妈的一个小偶像，他叫董新宇，13岁，跟你差不多大，是一个三进柴达木的小伙子，也是我们这次徒步的第一名。他现在已经不是普通学员，而是一级导师了。

一路上，我听了很多关于董新宇的故事。

第一次被妈妈送到柴达木时，他才8岁。那一次，他是被工作人员架着到终点的，而且，还大哭大闹：这不是我要的人生啊，我的人生不应该这么"悲催"啊，你们要害死我啊！

所有人都以为，这个孩子，绝不会再出现在柴达木了。

可是第二年，他来了；第三年，他又来了。她的妈妈在《戈壁行走的故事——关于独立、梦想、勇气、坚韧、关爱、互助、服务……》中讲了孩子和自己艰难的心路历程。我把董妈妈的文章附在后边，希望你能读一读。

亲爱的孩子，你很难想象，在这么艰难的旅程里，我们的团队中最小的孩子才7岁，还有8岁、9岁、10岁的小孩子一大堆。他们都没有家长陪同，自己背着一个包，被爸爸妈妈送上飞机，然后就从天南海北汇聚到了西宁。而且，他们全都完成了高原上 100 公里的远征。

孩子，这就是吃苦的魅力，这就是吃苦的力量。这跟你在网上玩游戏是一样的。如果没有那么多的关卡，没有那么多的障碍，那么这个游戏还有什么意义呢？

孩子，妈妈相信你能慢慢理解，去柴达木的人们选择的是一种不断挑战人生极限的活法。这一群人，都是对生命分外用情的人。

乍一看，似乎每一个人都活着，但其实，有一部分人活到 20 岁就"死"了。妈妈才 40 多岁，我不想才活到 40 岁，我就已经把自己的 50 岁、60 岁、70 岁看得清清楚楚了，所以，我要去找一片无人区，靠自己一步步走下来。

离开庸常的生活，聆听自己内心的声音，跟随直觉和好奇心，用最最珍贵之物——时间，去交换一种对自己而言全新的岁月，去训练自己在绝望中找到希望的能力。孩子，这就是柴达木之行的意义。

妈妈

2015/10/10

附文：

戈壁行走的故事

——关于独立、梦想、勇气、坚韧、关爱、互助、服务……

董新宇妈妈

这是孩子你第三次行走在柴达木荒原上。你曾是柴一、柴三的队员，如今你是柴六的志愿者。为娘毫不担心，何来煎熬？只有满满的信任，对你的信任，对 DE 团队[1]的无比信任。

我清楚地记得你和 DE 结缘的由来。2013 年 2 月，在机缘巧合之下，你参加了黑板擦行动的奥森定向越野。付老师问：挑战城市生存能力的活动，你来不来？那次活动，你是最小的队员。那年 5 月，百望山穿越，奠定了我对 DE 团队的信任基础。付老师说，董新宇妈妈，您就放心地把孩子交给我们吧。我劝说你爸爸不要随队参加柴达木之行，把锻炼的机会留给你，给你报了柴一和特二。由于我们没有户外经验，我给你准备的徒步鞋居然是软底的，你还记得付老师给你挑水泡吧？那是你人生中第一次脚底长水泡。由于我之前对你照料过细、包办太多，使得你并不善于整理自己的物品。那次你弄丢了防潮垫，付老师把他的借给你用，而他却睡在冰冷的草地上。你还记得你的队长吧？他在行走途中训过你之后，一直很懊悔、很心疼你。在机场分别时，你仰着脸问他："队长，你还来吗？"

你问过我为什么送你去那么苦的地方，我说："茫茫戈壁，望不到头。

---

1 DE 团队：未来训练营。领导者付永老师是"自然教育""无痕教育"的践行者。

你从来没走过那么远的路，走着走着可能会绝望、会挫败、想妥协、想放弃，妈妈希望你学会在绝望中找到希望。"那次，妈妈是煎熬的。那是你第一次独自离家远行，一走几天，杳无音信，不知道你是否能坚持，不知道你身体是否适应……每天还要应对你老爸的盘问：今天有孩子的消息吗？情况怎么样？Who knows？没信号，不了解。短短几天，戈壁还给了我一个晒得黑红、被蚊子咬成芝麻饼、身上长满痱子、全身抓得稀烂的孩子。

不知道你的队长后来又去了没有。你是去了一次又一次。问你是否特别热爱那片土地，你不善表达，说不出来，我也就不问了，但对你的想念却没停止。

第二次戈壁行，付老师评价你具备了 DE 勇士的特质。

关于这次十一假期，早已跟你商量好安排，没打算出行。当时已是 9月下旬，那天晚上，咱俩一起刷朋友圈，我给你看："DE 在招募志愿者。"你马上说："我要去！"我当时愣了："十一有安排了呀。"可是，妈妈承诺过：只要你愿意，我随时为你收拾行囊。报名、订机票、准备装备……每天下班后，我一边帮你准备，一边请示你老爸，同时再三跟你确认："真的要去吗？"你说："是的。"唯一让你觉得困扰的是征途寂寥，希望可以带音乐播放器（MP3），一路走一路听。可惜，这个愿望被叫叫无情地打压了；你退而求其次，问他"能带电子书吗？"叫叫依然铁面无私地拒绝了你的请求。临行前，得知十一假期作业不少，我再次询问你："怎么办？"你说："我可以每天徒步之后，在活动室写作业。"儿愿坚如此，我自当信你。

寒假曾和你一起在尼泊尔安娜普尔纳小环线徒步，我亲眼见证了你的徒步能力，所以，此行我毫不担心你的体力和耐力。这两年来，你变化很大，稚嫩的脸上已经褪去了婴儿肥，神情冷峻坚毅，俨然一副小小男子汉的样子。由于妈妈抠门，没给你买合乎标准的睡袋，给你拿了2个普通的睡袋，你说你会套在一起用，让我放心；冲锋衣、登山鞋、山杖是尼泊尔之行用过的；速干衣裤是去年穿过的；帐篷是大航海队友的、登山包是阿姨的……你是如此体谅我们。

DE的活动越办越完善了，尽职尽责的工作人员在寒风中蹲在山头发来照片，照片中不管是在暗夜中行走的队伍，还是茫茫大地上的一个小小身影，又或者是一群戴着同款同色帽子的孩子的背影，你老妈都能立刻认出你来，哪怕是背影。老妈太机智了，有没有？看到你能很好地照顾自己、服务队员，我真的没啥可担心的。

这次行走，与前番不同，你们打破了DE之前的规则，一对一地陪着弟弟妹妹们，手牵手。武泽俊、胡歌行这两位大哥自是表率，7岁的小茉莉、来自新疆的刘亦然以及更多青一队的弟弟妹妹，必定带给了你们很多感动和勇气。

龙应台说，玩是天地之间学问的根本。上一百堂美学课，不如让孩子在大自然里行走一天。大自然带给孩子的是长久的幸福感，非电子产品带来的短暂愉悦感可比拟。你们在行走途中，感受了凛冽刺骨的戈壁风、欣赏了形态各异的云彩，想必也曾注视过洒满苍穹的繁星、倾听过星星落地的声音……

万里相思有几番，我儿重返戈壁滩。
无草无树有荆棘，骄阳似火云似烟。
高原宝盆有美景，幕天席地享美餐。
浩瀚大漠踩泥丸，亲历方知天地宽。

天地才是大课堂
——100 公里柴达木戈壁行散记（2）

亲爱的孩子：

平时，我们的学习场地基本上是教室，是校园。老师评判我们的依据是分数，分数来自考卷，而考卷涉及的知识，大部分来自课本，但其实，除了教室，除了课本，天地、自然、真实的生活场景，也是很好的课堂。

妈妈要去柴达木徒步远征 100 公里，对于自己的体力，我并不怀疑，毕竟我坚持练了 30 年长跑。我担心的是：如果我不能洗澡，不能换衣服，不能睡在自己洁净温暖的床上，那么我能不能够喜悦地在茫茫戈壁滩上生活下来？还有，我没有户外徒步远行的经历，我能不能够安排好在荒野中的一切？

我知道，一旦离开校园、离开城市，我完全可能会像个白痴。

事实上也是这样。

因为工作太忙碌，我一直到出发的前一天（9 月 30 号）晚上才开始打点东西、整理户外背包。戈壁寒冷，徒步艰苦，要带的东西很多。我遇到的第一个难题就是我无法把羽绒睡袋装进背包里。

我想了无数的办法，尝试了各种思路，最后还是放不进去。如果单放，走路就会很不方便。我被这个睡袋折磨惨了，精疲力竭。最后，只有放弃了。

第二天早上我起得很早，继续整理东西。看着这个让我伤心的、无处安置的睡袋，我决定求助你爸爸。我考虑到他曾长途骑行多次，应该比我有户外经验。

我把他从睡梦中弄醒，让他替我装包。他睡眼惺忪地捣鼓了一阵，还是没有成功，但他提出了一个建议：这种户外包有很多外挂功能，干脆挂着走。

我没有采用这个建议。包大，睡袋也大，挂在包上，实在累赘。最后只有用一个大背心口袋把睡袋装起来。于是我背了一个 45 升的户外大背包，挂了一个随身包，还拖了一个睡袋，很不利索地到了机场。

抵达德令哈之后，队里安排我和默默姐姐住一个房间。默默姐姐是个高大魁梧的北方女子，黑且健壮，一看就有丰富的户外经验。我在她面前，娇小得像个孩子——虽然我一直怀疑我的年龄其实比她大。我向默默姐姐请教，这个"该死的"睡袋应该如何放。于是，沉默的默默姐给我上了生动的一课：我像看戏法一样看着默默姐姐三下五除二就把我的睡袋塞进了大包。

我的天啊，我这才知道这个被我折腾了一个晚上加一个早上也没有折腾明白的户外包原来还藏着这么多机关！有这么多的装法！

还是那个包，还是那些东西，还是那个硕大的羽绒睡袋，但在默默姐姐的手上，就那么服帖，那么柔软！默默姐姐装包，像个魔术师变戏法，轻轻松松搞定。不到五分钟，不仅所有东西都装进去了，而且包比以前还显得苗条挺拔。

我啧啧赞叹，也脸红惭愧。

是，我能讲出很多好课，也能写出不少好文章，但是我装不好一个包！在野外跋涉，写不写得出好文章不影响生存，但是，装不好一个包，一定影响跋涉的质量。

光会读书是不行的，这是我当时最深切的感受。

后来，在每一个细节上，我都愈加感觉到了自己的无用：支帐篷，默默姐姐麻利得根本不需要我插手；如何在帐篷的小小空间里合理安置所有行李和两个大人，一开始我也手足无措，默默姐姐稍稍指点，我才发现原来帐篷里居然如此宽敞；第二天早上起来，我不知道如何把这么大的羽绒睡袋复原，没有默默姐姐的点拨，我就傻在那儿了……

亲爱的孩子，真的，那是很尴尬也很奇妙的学习过程。

那些能力，和分数无关，和考卷无关，但每一步，每一个瞬间，我们真的都在应考，都在上交考卷。没有人给你评分，你当时的生活质量和心理感受就是裁判。

我想起了我的一个学生，他叫毕竟文，是我在人大附中西山学校的学生。

付总多次跟我提起过这个孩子，赞美他有超强的野外生存能力，赞美他喜欢帮助人、组织能力强。我信。在我的电脑上，还珍藏着这个孩子记叙自己柴达木之行的长文，一共有三万多字。

孩子，你要知道，这个哥哥在学校的学习成绩非常不起眼，写作文尤其艰难。你很难想象，就是这样一个学生，当他被抛到无人区的时候，却比一般人能干很多。

我跟他妈妈说，别看他学习不太行，未来一定会非常成功！不信，我们等着瞧！

孩子，妈妈也想起了你，你从小就非常独立坚强。从北京到重庆，从重庆到北京，上千公里的空中旅程，上百公里的城市辗转，小小的你，都能自己完成。最近一次回京，你第一次出了差错，看错了机票上的时间，误了机。

当你气定神闲地打来电话告诉我们坐丢了飞机时，我们没有责备你，也一点儿都不着急，因为我和你爸爸心中有底：你有本事不在人流中惊慌失措，你就能处理好这个事儿。果然，我们稍加指点，你就自己退票改签，井然有序地解决了所有难题。深夜你回到家，一脸从容，没有着急，甚至没有疲惫。

我亲爱的孩子，最大的学问不在书本上，不在考卷上，而在天地之间。妈妈要去挑战柴达木的这100多公里远行，就是要以天为卷，以地为笔，来一次真真正正的生存考试。我的分数并不高，但我欣喜于能够知道分数并不高这个事实。作为一名老师、一位母亲，这样的体验敦促我调整自己的教学思路和育儿思路。如何让我的教育理念和天地人生接轨，如何拥有教给学生货真价实的生活能力的能力……妈妈在思考，在寻找。

妈妈

2015/10/20

挺住意味着一切

——100 公里柴达木戈壁行散记（3）

亲爱的孩子：

困难是迷人的，甚至是具有诱惑力的。因为最后把困难消化了的感觉，或者是将其踩在脚下的那种感觉，真是妙极了。世间所有的稍有深度的幸福体验，本质上都来自和困难的搏斗。

微信上有一篇热文，大意是所谓成熟，就是具备了与那些不堪的人和事周旋的能力。妈妈觉得说得妙极了。

柴达木之行，就是专门出来找那些"不堪"的人与事的。

一个小朋友归纳此行的特点：眼睛在天堂，身体在地狱，最后终于回到人间。亦是大妙！

妈妈青年时代长跑很厉害，所以我以为 100 多公里对我来说不算困难。事实上，我还是低估了在高原跋涉的艰难程度。第一天 24 公里，非常轻松；第二天 28 公里，也不难；第三天 26 公里，似乎还越走越快，妈妈一直领走，只是偶尔稍觉疲惫，并不像有的队友，一到营地，就如"快死"般难受，但走到第四天的时候，我开始体验到身体的不适。

10月5号我们早起，天还未亮，高原上的清晨奇寒，我把所有的衣服、围巾都裹上，准备出发。我们一直沿着托素湖走。温柔又壮丽的托素湖藏在高原的戈壁中，未受污染，游客寥寥，似一张处子的纯洁面孔。越走朝霞越绚烂，美得惊心动魄。我们沿湖而行，一直行进了15公里，才把托素湖走完。一离开托素湖，我们的成人小分队就开始分散了。最开始大家一块儿走，但渐渐地，很多人便跟不上了。当天的原则是个人按照自己的节奏前行，下午5点钟如果没有到达集结点，就算失败，得不到成功穿越100公里的金质奖章了。所以，大家都憋着一股气，一定要完成任务。

前一天晚上，未来训练营通知我们当天的准确行程是32公里。

同伴渐渐拉开距离，我开始一个人走。几天来第一次感觉腰腿都很沉重，且有疼痛感，步伐也不像前几日那么轻盈，每往前一步，都需要有意识地付出努力。明明看见前方有更厉害的队友，但就是跟不上。如果换脱衣服、解个小便啥的，在前两日，我可以轻轻松松几步就追上队伍，但今天，明显不行了。

董新宇和几个年轻小伙子轻轻松松地超过了我。我无力地看着他们的背影慢慢消失。追不上，就是追不上。这个时候，你只有发自内心地服气。

走啊，走啊，走啊，走啊，天地之间，似乎就只有妈妈一个人了。

我真正地体会到了什么叫无人区。天高地远，天蓝得比大海还好看。无论从哪个角度放眼望去，都是无穷无尽、漫无际涯。走了几天，几乎没有遇到一个游客，动物也很少，而且天上居然没有一只鹰！偶尔出现的几匹马、几只羊也寂寥得很。脚下倒是见过几只小小的壁虎模样的小生物，晃一下就不见了。

只有自己！阳光很刺眼，风声迅猛。很快手背就晒黑了，但是不热，高原上气温偏低。我的水袋基本没有派上用场，一天走下来，只喝了一小瓶水。

天地之间，自我渺小得如一个点。这个点，机械地缓慢地移动着。在觉得特别累的时候，大脑是虚空的，什么都没有想。耳朵里的《静雅思听》还在放着，声音似乎从遥远的地方传来。我连听的力气也没有了。

跋涉、长征……我想只有在这样的时候，才能够理解这些词语的含义。

手机上的"悦跑圈"一直记录着距离。在离33公里的终点只有1公里的时候，我开始兴奋。终于到了！终于到了！我加快速度，最后1公里，我是一瘸一拐地跑到的。

果然见到了一辆车和前边的战友。真的是终点！我冲上去。到达终点的第一个动作，就是一屁股坐了下来。

接着就听到了"噩耗"——这只是一个休息点。DE为了考验大家，"赠送"5公里，真正的冲刺点，在5公里之外。

那一刻，我简直绝望了！

两个大叔把我从地上艰难地扶起来，抱起来，或者说，是拖起来。这100多公里做得最蠢的事，就是在极其劳累的时候坐在地上休息。坐下来容易，站起来很难啊！

腰是硬的，腿是硬的，好像全身都疼。我一边诅咒着主办方的"馈赠"，一边咬牙坚持。站起来重新行走的第一公里，几乎每一步都算挣扎，每一步都在和身体作战。奇怪的是，走到2公里的时候，身体又开始变柔软了，步伐又重新轻快起来。孩子，这真是奇妙的体验。你以为你已经到了极限，你不行了，但那只是假象，你的身体里还有无穷的潜力，在等待着被唤醒，被激活。只是，在唤醒和激活之前，你得担当起大苦大累。"天将降大任于斯人也……"这段话，真是写得太好了啊！

最后 2 公里，今天行程的第 37 公里、38 公里，我几乎是小跑着完成的。远远地，终点处的红色"凯旋门"已经看得见了。这门，搭建在峡谷旁边的一片开阔地带上，在茫茫戈壁滩中，像一个小小的天堂。我欢呼着冲向"凯旋门"，锣鼓响起，天空湛蓝。妈妈，40 多岁的妈妈，在我们这个 40 多人的团队中，第三个到达终点。

而最晚到达的是个小队员，比我们晚了近 3 个小时。

我看着 7 岁的小茉莉被工作人员牵着手冲进"凯旋门"，真是热泪盈眶。那一路的艰苦，不亲身体验，如何知道？这个可爱的小姑娘，真是个了不起的小姑娘啊！

无所谓成败，挺住意味着一切！儿子，挺住意味着一切啊！

妈妈

2015/11/1

锻炼自己像『猪』一样地活着的能力
——100 公里柴达木戈壁行散记（4）

亲爱的孩子：

跋涉的辛苦妈妈不太怕，我怕的，是脏。

现代人的生活实在是太方便了，方便到我们对一切便捷的都市生活条件已经习以为常，觉得一切都是天经地义的，是理所当然的。我们既不感恩，也不感动，而柴达木之行，让我们感受到自然在馈赠的时候，也在剥夺。

在海拔 3000 米的茫茫高原上，不仅没有星级宾馆，也没有快捷酒店，甚至，连最最普通的民居都没有。睡帐篷，是唯一的选择。

没有去的时候，睡帐篷是想想都浪漫的事。爸爸不是这样吗？买了所有的野营装备，可是从来没有真正去野营过。实在"馋"了，就把帐篷支在客厅里，睡两晚上，过过干瘾。我还讽刺他"叶公好龙"呢！但在茫茫高原上，根本没有什么浪漫可言。从支帐篷开始，你就必须开始面对野外生活的无情考验了。

高原昼夜温差太大。中午还是阳光炽烈，穿一件秋衣就可以了。到了下午四五点钟，气温骤降，天急不可耐地暗下来，风声迅疾，常常刮得如鬼哭狼嚎一般。这个时候，恰恰是支帐篷的时间，必须得抓紧。室外，实在是太冷了啊！而且动作慢的话，天黑前就完不成了。

幸好我有默默姐姐。我瑟缩着笨头笨脑地帮她，她轻车熟路地指挥我。可我还是不麻利，笨拙的手触到各种设备上都感觉冰凉。小小的帐篷被风刮得东倒西歪。没有默默姐姐，我想，就凭我，在这寒冷狂风中要把一个帐篷支起来，会"死"得很难看。

营地提供少量热水，可以喝，但是不能洗漱。出发前，我还自作聪明地带了各种面膜，心想奔波一天之后要给皮肤补充点儿营养。进了高原才知道自己有多天真。那一个星期，我用湿纸巾蘸点儿热水擦擦脸就算是洗脸了，根本没办法用面膜。洗脚？呵呵，更是妄想，没这个条件！我一个星期都没有洗脚。要在平时，我一天不洗澡就不可能睡得下去啊！但在高原上，这一切都成了自然而然的事。

伙食尚好，主办方很厚道，高原的牛肉比我们平时吃的好吃很多。其实什么调料都没有，就是用水煮了，再放盐，但味道也鲜美无比。大口吃肉，大口喝汤，《水浒传》中的那些从小就耳熟能详的场面，这回总算亲身感受了。高原寒冷，远征又耗体力，妈妈这样的小女子，也瞬间变成大胃王。牛肉，也是一斤两斤地来，吃得不亦乐乎。平日最好吃八成饱之类的约束，全都抛到九霄云外了。

我们吃的还是自助餐。营地外，本来还有几个临时搭建的小桌子，可以用来吃饭的，但坐坐就发现不可以——风沙太大，热热的汤很快就凉了，碗里瞬间铺了一层黄沙，还是躲到厨房里吃比较合适，只好站着，三下五除二吃完饭。可能是又饿又累的缘故，我觉得饭菜真是鲜美极了。

刀叉是发的，但我总忘记带到厨房。爬回睡袋去取是件很麻烦的事儿，干脆就免了。好几顿饭，我就直接用手抓了，也没有洗手，因为洗手也不方便。况且这地儿好像也不需要事事洗手。抓肉、抓菜、抓饭、像猪一样地拱饭吃，真是吃得不亦乐乎，完全不觉得难为情。

上厕所倒很方便。或者全开放，或者半开放，进茅房也成了"天然去雕饰"的事儿。全开放的是在"长征"途中，要方便了，就找棵小树遮一遮，或者找个僻静处躲一躲，其实，躲的也是自己人。这个老鹰都没有一只的地方，走了几天，就没有遇见一个其他人。你怕有人来窥探你？做梦吧！没人！

营地有厕所，半开放的。在地上挖个坑，围两块布，就成了。我个人觉得比我们小时候的公共厕所条件好。虽然一切排泄物可见，但没有蛆虫等生物骚扰，而且，空气也是极好的。更何况，小时候的公厕，时常有坏孩子或神经病男人趴在墙头偷看，而柴达木的半露天厕所，绝对不会有这些隐患。

上厕所真浪漫。夜晚，顶着头灯去，颇有"智取威虎山"的神秘紧张。最浪漫的是清晨，一个人蹲在厕所里，眼前便是高原的大好河山。朝霞渐成气势，天空云霞变幻，分分秒秒都如海市蜃楼，你恨不得把自己钉在那儿就这么一直看下去。我往往腿都蹲酸了还舍不得起来，好几回差点儿掉进坑里才依依不舍地离开。

晚上回帐篷睡觉，开头是很难的。那么小的地儿，和一个陌生人睡一起，我怎么都觉得有点儿别扭。何况，还不洗脸不洗澡，我想象着两个人都臭烘烘的，还挤在一起睡，多别扭啊！在平时，我一个人独占一个卧室，还嫌不够宽敞呢！

但费力地挤进去后就释然了。各睡各的睡袋，互不影响。小帐篷里塞了那么多东西，居然也不觉得没有翻身的地儿。地儿小，便温暖。有两个晚上刮风下雪，风声雪声打鼾声，声声入耳，童年少年青年中年事，事事入梦。我睡得很好，而且，跟往常一样，清晨四点左右我就准时醒来，窝在睡袋里敲电脑。每天一篇或长或短的文章，不知不觉地就敲出来了。和平兄和酒仙兄如果心有灵犀，知道我在海拔 3 000 米的高原上为他们写字，也会感动吧。

这几天，大家都蓬头垢面，彼此心照不宣。特别是那个 7 岁的小女孩儿茉莉，因为是爸爸带出来的缘故，头发很是蓬乱，脏兮兮的像个小乞丐。虽然这位爸爸是带着女儿出来的，但他也只能在成人队活动，不能干涉女儿的行走。我无端地觉得这小丫头很像在张家口初遇郭靖时的黄蓉，是世界上最美的姑娘。

5 号晚上回到德令哈，终于又洗到了热水澡。亲爱的孩子，我在浴室里热泪盈眶。如果我们没有像"猪"一样活过，我们怎么可能体会到现在的生活有多幸福？

我现在是真正体会到了啊！

妈妈

2015/11/7

有些路，你根本不可能一个人走

——100 公里柴达木戈壁行散记（5）

亲爱的孩子：

当我置身荒原时，妈妈还有一个最大的感受，那就是同伴的重要性。默默姐姐对我的帮助就不用说了，还有三件事，让我印象深刻。

第一件事，是迷路。

第一天，我行走的速度极快。虽然主办方一再要求结成小队行走，但实际上，大家走着走着就散了。每个人都有自己的节奏，非要打破自己的节奏，跟着别人的节奏走，还是不舒服的。况且，像我这样自以为体力尚好的人，内心深处还是有点儿"不可告人"的英雄主义情怀。

快走，是一种魅惑。

走着走着，自己就领先了；走着走着，后面就看不见人影。第一天，我一直领走，越走越快，豪气万丈。

到下午三点多钟的时候，感觉快到营地了。地势越加开阔，长空之下，偶有怪石嶙峋肃立，鲜艳的经幡飘扬，似乎暗示着附近有人家。

我欣喜若狂。

继续往前，可是再怎么走，就是看不见人影。

我渐渐怀疑起自己来，是不是走错了路？但我明明一直跟着红色的路标走，似乎没有偏离啊？

我越走越觉得不大对劲儿，终于决定放慢脚步，往回走一段。

幸好我往回走了，走了不到 200 米，便看见前方有人在招手，好像还在呼喊着什么，但风太大，声音传到我这边的时候，已经消散了。我迎着这个人走去，走了大约 300 米，便看到了营地的"凯旋门"。红旗招展，一片让人振奋的景象。我的内心顿时沸腾起来。

我果然走错了。到达之后，一位同伴说，他看见我走错了方向，便一直喊一直喊，可我就是听不见啊！他着急，可就是追不上我！

我特别特别惭愧。我不知道自己是什么时候走错路的。在我的意念里，根本没有走错啊！所以只顾着一个人往前冲，白白多走了 2 公里不说，还劳累了别人。不仅第一没有当着，我这个自以为速度奇快的人，还成了人家的累赘。

第二天，我就多了个心眼，不再盲目相信自己了。在可能的情况下，我都和同伴保持着看得见的距离。无人区，不是当英雄的地方；同伴，是不迷路的保障。

有些路，还是不要一个人走的好。

第二件事，是夜行。

这次柴达木之行，安排了 4 公里的夜走。规矩是：不得戴头灯，不得开手机，不得说话，总之，只能静悄悄地走。

我很害怕。一是夜晚太冷，手脚都是僵硬的。在寒风中走，觉得自己像僵尸。二是天黑，戈壁滩不是塑胶跑道，深沟浅壑如何走？想想都瘆人。

大家先集合，在凛冽的寒气中听领队交代各种注意事项。我冷得直哆嗦，放眼看去，一片漆黑，迈步都困难。

我们就这样排着队，深一脚浅一脚地出发了。我走在成人队的第二个，走了不到 100 米，我就自然而然地握住了"领头大哥"的手。不，是自然而然地让自己全靠上去了。我必须依靠他的支撑，否则根本无法前行。

我记忆力很差，把一个班的学生面孔和名字对上号，也要小半学期。所以，这次柴达木之行的同伴，我几乎都不认识。那位"领头大哥"，其实也许是"领头小弟"，比我年龄小的可能性更大些。他到底是哪一位，我还搞不清楚，至于姓名模样等信息，更是一无所知，但在这样的夜行中，妈妈只能依靠他了。

我紧紧地握住他的手，几乎是被他拖着前行。眼睛完全不起作用了，靠的是感觉，或者说，是一种信任。他的手很有力，死死地拽着我，防止我跌倒。虽然如此，我还是好几次差点儿跌到沟里去。每一次都是在千钧一发之际，被他活活地拽出来，荡悠悠好半天才重新站定，继续跌跌撞撞往前走。他也有差点儿摔跟头的时候，我这个体重值、身高值都极低的人，也条件反射地拉住他。我"吨位"小，有两次拉不住，两个人便一同摔了下去。结果并不狼狈，两个人摔跤的感觉比一个人摔要好。每次总是那领头大哥首先爬起来，然后搀扶我，继续拉住我的手朝前走。

那个晚上，静谧的柴达木戈壁之夜的 4 公里，每一个人，都是这样走下来的——彼此牵着手，深一脚，浅一脚，一起摔打着，走过来了。

用的不是眼睛，而是感觉和彼此的信任。

亲爱的孩子，那天晚上的夜行，妈妈看到了只有小时候才看到过的星空。

银河离我们那么近，似乎一伸手，就可以抓住一大把一大把的星星。那夜银河斑斓，星光灿烂！可是妈妈心中最多的感动，不是来自星空，而是来自人群。

要是没有人与人之间的信任和帮扶，在这美丽的星空下，我们寸步难行。

任何时候，人和人心，都是最美的风景。

第三件事，是大家对行走路标的爱护。

在无人区行走，四面八方都浩渺无际，东南西北成了很抽象的方位名词。这样的时刻，没有路标，就意味着迷路。未来训练营在勘测道路上做了充分的准备：一杆一杆红色的小小指路旗是我们行走的标识。大概每隔1公里，就有一面。

一路上，特别动人的景象就是大家不断停下来把歪倒的指路旗扶正，把打了卷的旗面整理好。很多时候，大家还给旗杆培培土，让它立得更牢固。如果后面传来信息说孩子们的补给不够了，我们成人就把干粮啊、水果啊、鸡蛋啊放在旗杆下，让后边跟上来的孩子有得吃。

最后一天，基本上算是独立行走。我咬着牙在隔壁上跋涉，虽然累，但不孤独，也不害怕。因为我知道，总有一面一面的红色小旗会在该出现的时候出现。小旗在，队伍就在，组织就在，目标就在！

无人区的远征，最开心的是遇到了人。外人基本没有，但走着走着追上了同伴，或者被同伴超过，都是幸福的事儿。

行走，不仅让我们更爱自然，而且，更爱同伴。

一路上我想起了很多很多名言，比如，没有一个人是一座孤岛；比如，一个人的悲剧就是人类的悲剧，等等。

我恍然大悟，懂得了这些话的意义！

妈妈

2015/11/17 晨

静静地等待属于自己的时代
——100 公里柴达木戈壁行散记（6）

亲爱的孩子：

妈妈站在茫茫大戈壁的凯旋门面前，思绪万千。

这个门，是人工扎就的。整个戈壁几乎是平的，所以，这个象征 100 公里徒步成功的门，显得高大庄严、崇高热烈。每一个精疲力竭走到终点的徒步者，一看到这个门，顿时都来了劲儿，无一不是满血复活、得到重生的样子，笑着、奔跑着或蹦跳着越过这个门，然后摆出各种姿势留影。

如果将徒步看作人生的旅程，那么越过这个门，便是人生的鼎盛时期、辉煌时期了。

我们为了等到这个时刻，用了 5 天时间。我们从繁花似锦的大都市穿越千里来到这个寂寞僻静的地方，用自己的脚印一步步丈量了这里的每一寸土地。我们忍受了一般人不能忍受的煎熬，吃下了一般人不敢吃的艰苦，我们才拥有了这个时刻。

　　每一个人都觉得，这是我们人生的一个高度，绝对的高度。

　　妈妈的思绪忽然飘扬起来。

　　我想，人生代代无穷已，不仅江月年年只相似，而且成功年年只相似。在生命的旷野里，其实一直都有那么一个凯旋门，它就在那里，你来与不来，早来或者迟来，它就在那里。

　　在高原戈壁无人区，我们是一批勇敢的跋涉者，但在我们之前，有比我们更勇敢、更有先见之明的勇士，他们更早地唤醒了戈壁，也被这戈壁唤醒。当他们以更加孤独的身姿穿越这个凯旋门的时候，我想，他们有比妈妈更深刻更独特的人生体悟。

　　同样，在我们之后，也会有更多的后来者。他们会把我们的足迹当成前行的魅惑，他们从舒适生活的沉梦中苏醒过来，也开始尝试、开始跋涉。当这些后来者穿越凯旋门的时候，他们内心的骄傲自豪，跟我们前人，应该没有什么不一样。

　　我想象着，如果非要把那成功之门比喻成一个人，那人，必定不是热血青年，也不是稳重中年，而更应该，像一个智慧的年迈老人，满眼都是慈爱和鼓励。对于先后到来的儿女们，都同样欣赏，同样疼爱。

　　早到晚到，都是到。在时间无涯的荒野里，早晚的距离已经被模糊为瞬间。每个人都有自己的时代。每个人都在自己的时代来到这个凯旋门前，不早不晚，刚刚好。

　　人，只有把自己放在浩瀚时空的大背景下的时候，才不会羡慕别人，才不会焦虑，才会真正获得一种笃定：每一个人都有自己出发的时间和行进的节奏，不用比较，不用赶超。凯旋门就在那里——永远在那里。而且，有一个生命老人永远在笑眯眯地等候你，为你的抵达喝彩，拥抱你，亲吻你。

我忽然想到一些著名人物。

其中有一个叫爱迪生。爱迪生从小有阅读障碍，被当成笨孩子劝退，母亲在家教他识字，他竟然蹲在鸡窝里替母鸡孵蛋。我想，在他的童年、少年阶段，没有人会预料到这个被退了学的孩子未来会成为科学大师。爱迪生的时代，来得很晚。

还有两个人，一个叫牛顿，一个叫爱因斯坦。他们曾经都有轻度的自闭症，不善社交，难以与他人沟通。牛顿终身孤独，几乎从不开口说话。爱因斯坦小时候也不合群，七岁以前经常着魔般地反复絮语。据说当代的比尔·盖茨也是如此，小时候也曾患轻度自闭症，一思考便习惯性地前后摇晃，常常需要看心理医生……

中国古话说"三岁看老"，但用在这些名人身上，并不贴切。

每一株花都有自己的花期。很多花愿意争先恐后一起开，还有一些花固守着自己的节令，在别人开花的时候，静静酝酿。不争，也不抢。

所以，我亲爱的儿子，且把生命的旅途当作完全属于自我的修行。自我，就是你自己的坐标。记住，永远不要把他人当坐标、当目标。跟别人比，毫无意义。而听从自己内心的呼唤，永远有意义。当他人超越你，而你力不从心无法赶超的时候，只需心平气和地对自己说：

这不是我的时代，我的时代还没有到来。

真的，我们只需去迎接自己的时代。他人，有他人的行动方式。请继续保持自己的节奏，坚持往前走。对那些远远领先你的人，或者三五步就赶超了你的人，报以理解的微笑和祝福，但是，不要着急，真的不用着急，三年五年，十年二十年，那座凯旋门，还会在那里。早到有早到的意义，晚到有晚到的价值。这个世界，需要各种成功的样式和成功的时间点。每个人，都是一颗星球，只有和太阳有不同的交集时间，宇宙，才会每一时刻都在迎接光明。

有一个世纪老人，叫杨绛，她是钱锺书——就是你读过的《围城》作者的夫人。她活过了一百岁。在她的《百岁感言》中，有这样一段让妈妈喜欢的话：

> 一个人经过不同程度的锻炼，就获得不同程度的修养、不同程度的效益。好比香料，捣得愈碎，磨得愈细，香得愈浓烈。
>
> 我们曾如此渴望命运的波澜，到最后才发现：人生最曼妙的风景，竟是内心的淡定与从容……
>
> 我们曾如此期盼外界的认可，到最后才知道：世界是自己的，与他人毫无关系。

她说的是真的，儿子。世界是自己的，与他人毫无关系，但有一个前提：你必须走在自己的路上。你一直在行走，一直在主动接受各种锻炼。否则，你的时代永远不会到来。

妈妈

2015/11/22 晨于西安

侠骨柔肠做行者
——100公里柴达木戈壁行散记（7）

亲爱的孩子：

戈壁荒凉，行走寂寞，一路上，妈妈都在听歌：听"静雅思听"，或者"QQ音乐"。因为时间充足的缘故，我便把一些听得顺耳的文章和音乐反反复复地插放。这自然而然成了一个淘汰的过程。到最后，我发现，我听的次数最多的、听得最仔细的、引起我最多思考的，是两首歌。

一首是电影《匆匆那年》的主题曲《匆匆那年》，一首是《射雕英雄传》的主题曲《天地都在我心中》。我觉得，这两首歌几乎表达了我全部的心情，以及对人生的全部认识。

生命是什么呢？生命必然是一场爱与恨的纠葛。我们相信过、投入过、沉溺过、纠缠过、痛过、恨过……但最后，一切都不过是匆匆那年，都要放手，都要继续好好活。王菲唱得好，而林夕的歌词，更是写到了人的骨髓里边：

匆匆那年
——电影《匆匆那年》主题曲
作词：林夕
作曲：梁翘柏
演唱：王菲

匆匆那年　　我们究竟说了几遍再见之后再拖延
可惜谁有没有爱过不是一场七情上面的雄辩
匆匆那年　　我们一时匆忙撂下难以承受的诺言
只有等别人兑现
不怪那吻痕　　还没积累成茧
拥抱着冬眠　　也没能羽化再成仙
不怪这一段情没空反复再排练
是岁月宽容　　恩赐反悔的时间
如果再见不能红着眼　　是否还能红着脸
就像那年匆促刻下永远一起那样美丽的谣言
如果过去还值得眷恋　　别太快冰释前嫌
谁甘心就这样彼此无挂也无牵
我们要互相亏欠　　要不然凭何怀缅
匆匆那年　　我们见过太少世面只爱看同一张脸
那么莫名其妙那么讨人欢喜闹起来又太讨厌
相爱那年活该匆匆　　因为我们不懂顽固的诺言
只是分手的前言
不怪那天太冷泪滴水成冰
春风也一样没吹进凝固的照片
不怪每一个人没能完整爱一遍
是岁月善意　　落下残缺的悬念
如果再见不能红着眼是否还能红着脸

就像那年匆促刻下永远一起那样美丽的谣言

如果过去还值得眷恋　　别太快冰释前嫌

谁甘心就这样彼此无挂也无牵

如果再见不能红着眼　　是否还能红着脸

就像那年匆促刻下永远一起那样美丽的谣言

如果过去还值得眷恋　　别太快冰释前嫌

谁甘心就这样彼此无挂也无牵

我们要互相亏欠

我们要藕断丝连

　　我亲爱的孩子，你正在长大，青春荷尔蒙在你的身体内部潜滋暗长，总有一天会呈激流奔涌之势。从你的青春期到中老年阶段，你将全面地体味到情欲的奔放与孤独。对爱的意义的追索，一定会成为你此生的生命主题之一。那是生命中最明艳照眼的一件事，但也是最可能把你带进生命黑洞的一件事。灰心丧气的时刻，走投无路的时刻，你可以静静地坐下来回味一下王菲的这首歌，你那受伤的灵魂，会在某一个层面上得到抚慰。

　　这首歌的歌词创作者和谱曲者，一定都是历尽了情天恨海百炼成钢的人，所以，才会有这般通透的领悟。我的孩子，爱是一场美丽的谣言，爱是一个善意的谎言，爱是岁月落下的残缺悬念。如果有一天，你为没有完整地把一个人爱一遍或者没有被别人完整地爱一遍而伤心欲绝的时候，妈妈希望你能从这歌词中读懂：爱的本质就是认同不完美，就是承担不完美。因为痛，因为伤，我们才认识了生命。对于爱情，智慧的人要有一种隔岸观火的冷静和自得，我们可以投入，可以全身心地充分地体验爱情的滋味，但不可以焚心若火，为了爱，三下五除二自己就把自己干掉了。爱情是生命中顶顶重要的东西，但绝非生命的全部。情人之间，往往互相亏欠，痛不欲生，但又依旧渴望藕断丝连。人生的矛盾不过如此。生命之美艳，之惨烈，也不过如此。妈妈希望在你投身于自己的爱情之前，对爱情的这个特点能够稍有认识。那么，在艰难的时刻，你便能全身而退。

孩子，活要活得奔放，爱亦要爱得潇洒。无论如何，不为爱纠结太多，不被爱葬送，都是人生在世的修行。人生一世，本来就是"匆匆那年"，转瞬即逝，化个人情爱为人生大爱，是我们解脱的重要途径。就如《射雕英雄传》主题曲中所唱：

天地都在我心中
——电视剧《射雕英雄传》主题曲
作词：易茗
作曲：赵麟
演唱：秋野

千秋霸业　　百战成功
边声四起唱大风
一马奔腾　　射雕引弓
天地都在我心中
狂沙路万里　　关山月朦胧
寂寞高手一时俱无踪
真情谁与共　　生死可相从
大事临头　　向前冲　　开心胸
一马奔腾　　射雕引弓
天地都在我心中

孩子，可能在你这个年龄你未必会喜欢这首歌。在未来，当你经历了更多人生的洗礼之后，你会慢慢喜欢上它。你可以爱一个女孩子，但你也可以把天地当作你的情人。不是每一个人都可以成就帝王霸业，但是对个体生命而言，每一个人都可以在自己的生命战场上百战成功。

"狂沙路万里，关山月朦胧，寂寞高手，一时俱无踪"便是这些天妈妈在柴达木高原上跋涉的真切感受。眼前的自然之境全部都化成了生命之境，艰难的远征让妈妈的内心也燃烧起"一马奔腾，射雕引弓"的豪情。囿于小儿女之情，远远不如"大事临头向前冲"那般的让人开心胸。这些年来，我跟你爸爸，也从二十多年的风雨与共中渐有了"生死可相从"的默契感。青春爱情与天地人生，其实也是可以相融的。

所以，孩子，妈妈祝愿你，柔肠侠骨过一生，放得下匆匆那年，也担得起千秋霸业，成为你自己，完成你自己。让短短的一生温柔如水，也冷峻如钢。

妈妈

2015/11/22

第二辑 ●○○○

来自生活中的妈妈

我们就是老人的温暖南方

亲爱的孩子：

这次回老家，你的表现，越来越像一个小小男子汉了。

回綦江前，你从三亚转车到临高，只为了去看望爷爷奶奶。你恭恭敬敬地站在爷爷奶奶面前，带着温暖的微笑，向两位老人问好。你在家乡的时间短，几乎没有跟爷爷奶奶一起生活过。他们于你，不像带过你的外公、外婆、姨公、姨婆那样亲密，但是你的站姿，你的神情，充满了对年迈的爷爷奶奶的尊重和敬爱。我想，爷爷奶奶在海南见到你，该多么欣慰啊！

在老家，妈妈陪外公散步。诚实地说，妈妈和外公之间也有代沟。跟外公聊天，也常常找不到话题，很难有共同语言。陪伴老父亲走路，更多的是听他唠叨，细细碎碎，林林总总。我只是听他说，听他尽情地说，鼓励他尽情地说，老父亲说得越高兴，妈妈也越高兴。但这于你可能是无聊的事，妈妈尚且无甚言语应答，何况你呢？还有一个严重的问题是，外公老了，走路走得很慢，很慢。妈妈得放慢一半的速度，而你呢，习惯蹦蹦跳跳走路的你得有意识地放慢三分之二的速度才能和我们并行。但那天晚上，你表现得很乖很乖。綦江的街上，人群喧嚷，华灯绚烂，我们三代人就这样慢慢地、慢慢地走，慢慢地、慢慢地聊。因为有你的加入，我们这支小小的队伍，有了前所未有的温暖。

儿子，你长大了，喜欢自己玩了，平时连跟妈妈上街，也常常不情愿了。妈妈理解这样的成长，也接受这样的分离，但这个晚上，你陪伴着老外公，陪伴着中年的母亲，慢慢走过的这 4 公里，是一种新的连接，是你真正的成长啊！

一回老家，我们都在姨婆家住。你是姨婆带大的，姨婆的生活习惯就是我们的生活习惯。在姨婆家，我们住得特别舒坦、特别自由。去任何其他亲戚家，不只你，连妈妈都会感觉不适，但外公外婆也想我们回家住两天啊。妈妈叫上你，很怕你不情愿，怕你不习惯外公外婆的生活方式，怕你短短的寒假被各种各样你不情愿的应酬给瓜分了，怕你玩得不痛快、不开心。没有想到，你爽爽快快地答应了。你的眼神告诉妈妈，你理解。

在外公家，不管是语言表达，还是饮食习惯，确确实实都跟我们平时的生活不太一样，但儿子你真的很懂事啊，你微笑着耐心地听外公唠叨，一点儿都没有不耐烦。你还想法子多和外公说话。外公不会说普通话，你不会说家乡话，你们的交流有些别扭，但这别扭也显得那么温馨啊。外公外婆做的饭，不太合我们的口味，你也快快乐乐地吃完，还表扬外婆做得好吃。哦，儿子，妈妈多么感激你。

回家过年其实很辛苦，我们的作息时间全乱了，早晨常常起不来。妈妈也支持你寒假尽量睡到自然醒，补补平时上学早起的辛劳，只是家里一有事儿，你就睡不成了。妈妈总是很内疚，但儿子你的表现很绅士。

姨婆参加了綦江的老年文艺队，初一、初三都有演出。有一次临时出状况，队里人不够，我们便来了个全家总动员，妈妈帮着去做主持人，其他人也有各式任务，需要一大早起来到文化馆集合。在慵懒的寒假，对于对文娱表演没啥兴趣的你来说，真的是件很闹心的事儿。可是儿子，你竟然十分支持姨婆！接连两天，你都痛痛快快地从热被窝里爬出来，响应姨婆的紧急集合令，在寒冷的早晨去给我们捧场。你不仅从头到尾看完了姨婆的表演，还一直帮妈妈拿衣服。妈妈在台上主持的时候，一眼看到在人群中给妈妈拍照的你，好激动，好欢喜。哦，我的儿子，再也不是那个动辄就梗着脖子跟妈妈说"男女授受不亲"的小家伙了，而是长成了懂得宠爱姨婆、宠爱妈妈的大小伙子了。妈妈常有机会在台上讲课、作报告、演讲、主持，但唯有这一次，我的儿子成了我的贴心小观众，儿子，你不知道妈妈有多幸福。

上坟，是回乡的大事。上坟辛苦，起床得赶早，翻山越岭，要走不少路。从未在家乡生活过的你，要那么早爬起来远行，要面对那么多连妈妈都不太搞得明白关系的先人，我实在担心你会觉得劳累且无聊。

可是，你没有。

你不厌其烦地跟着我们到公墓、到石桥沟、到更多连名字都没有的地方，你帮忙拿鞭炮、纸钱，你肃立在先人们的墓碑前，听姨婆、姨公、妈妈跟你从来没有见过，甚至无法理解关系的先人们说着颠三倒四的话。那些话里有太多太多的你暂时不理解的生命故事，一时半刻对你也解释不清。你并不觉得好笑，也不像平时那般地幽默"吐槽"。你认认真真地按照我的要求给每一位先人烧纸和磕头。你似乎懂得，这些烦琐的仪式背后，饱含着庄严又深情的爱和怀念。

你的虔敬让妈妈心安。

……

亲爱的宝贝，还有太多太多的细节告诉我，你已经渐渐明白：回乡，不仅仅是度假，更是尽孝。过年的意义，不仅仅是自己的辞旧迎新，更是享受家乡老人们的陪伴，也让老人们享受我们的陪伴。

一回老家，一进姨婆姨公的家门，妈妈变成了小公主，你变成了小小王子，姨公姨婆把我们当小孩儿一样精心照顾。哪怕饭桌上的一碗白米饭和早晨喝的饮料，两位老人家都不肯随便。白米饭不能用电饭煲煮，一定要是妈妈小时候最爱吃的沥米饭。外边卖的牛奶、豆浆都瞧不上，姨婆一定要亲手配好花生、核桃、黄豆、枸杞的比例，用豆浆机打磨，温度恰好的时候端上桌。我们的水杯里时时刻刻有灌得满满的热水，我们的鞋子，每一天，都被姨婆里里外外擦得干干净净，用烤鞋器烤得暖烘烘的……而在外公家，75 岁的老外公还要亲自给我们打洗脸洗脚水，无论妈妈再怎么急、再怎么制止，老人家也要坚持，说我们回家一次不容易……

儿子，这就是老家，这就是老人。哪怕爸爸妈妈也是奔五的人了，哪怕你也已经是大小伙子了，但老人在，我们就可以永远做小娃娃，被重视、被宠爱、被娇惯。

你要知道，如果有一天，姨公姨婆外公外婆不在了，这一份宠溺便没有了，永远没有了。

所以，妈妈爸爸也在尽自己的力量，宠溺着家里的老人们。爸爸妈妈知道，我们对老人们的宠溺越多，让他们活得更健康更快乐一些，他们就越有能力宠溺我们。家人之间的宠溺互相循环起来，家，才是一个家啊！

儿子，爸爸妈妈在老家买房子，在海南买房子，你开玩笑说爸爸妈妈"穷人的命，富人的心"，没有什么钱，还做无甚大用的投资。是，老家的房，海南的房，我们享受的时间都很少，或者说，根本享受不到，但爸爸妈妈这么做，不是为了自己，而是为了家里的老人。爸妈这点儿小钱，要在北京买套像样的房子，太难，但在其他地方却能做点事儿。我们在老家买房，自己住不了，但却能让外公外婆早点儿从滩子口上的那幢陈旧的老屋搬出来，住进风景秀丽向山面水的花园小区。这比我们去住意义更大啊，儿子。海南买房的初衷也是为老人。老人年龄大了，过冬就是煎熬。一想到我们今生能靠自己的力量让外公、外婆、姨公、姨婆享受南方的暖冬与温泉，让他们能够想去北方就去北方，想去南方就去南方，想在西部就在西部，中青年时代饿过肚子的他们在晚年因为我们的努力也能成为满世界自由飞翔选择阳光、空气的人，妈妈爸爸就觉得好有成就感。

　　儿子，我想你能懂：其实，我们就是老人们的温暖南方。

　　这个春节，这个冬季，因为你的懂事，爸爸妈妈一直在南方呢。

　　谢谢儿子。

妈妈

2016/2/14

因为爱，所以妥协

亲爱的孩子：

今年的国庆唐山行，因为有你的陪伴而分外地温暖。

妈妈知道，陪伴爸爸妈妈去唐山，并不是你假期的第一选择。

你长大了，开始有自己的生活了。你更愿意和同学待在一起，或者，利用这个宝贵的时间，尽情地睡睡懒觉和玩玩游戏，但是，当爸爸妈妈提出希望国庆节一家人一起去唐山的时候，你还是一口答应了。虽然中途你也有过动摇，但最后，你坚持下来了。

北京到唐山，妈妈只抢到一张一等车厢的坐票，另外一张是站票，你便一直坐在地上。

妈妈那几天正好身体不适，你便从头到尾提着、拽着各种行李，还时不时关注妈妈的感受，嘘寒问暖，比爸爸还细心。

整个唐山行，行程安排都是叔叔阿姨们为爸爸妈妈量身定制的。各种接待宴会、各种参观，对于你这么一个大男生来说，应该是无聊的，甚至是难以忍受的，但你都笑眯眯地"忍受"下来了。

你不知道，亲爱的孩子，爸爸妈妈有多感恩。

我们看到了你的成长。

要知道，从小学六年级开始，你就有意和我们"划清界限"了。有几年，你动不动就跟妈妈嚷嚷"男女授受不亲"。别说拥抱，几乎碰都不能碰。

那种小男孩专属的，因为成长带来的让人啼笑皆非的行为，让我和你爸爸哭笑不得，但这一年多来，你真正"长大"了。

你僵硬着身体"忍受"着妈妈的拥抱。妈妈甚至可以在你面前撒娇——你学会了"迎合"妈妈的小女生姿态，像个大男人，安抚妈妈偶尔的任性和软弱。你学会了快速收拾自己的房间；每次吃完饭，你会主动把碗筷全部送进厨房……就连你看妈妈的眼神，也重新回到了小时候，那么清澈，那么温暖。

成长，让你不仅个子长高了，心灵也变柔软了。

这个国庆，你更是管理好了自己的欲望，认真地陪伴爸爸妈妈。

没有人正式教过你，因为爱，所以需要妥协，但儿子，你自己学会了。

你知道吗？其实为了这次的国庆之行，妈妈也"妥协"了。

2015年的国庆，妈妈在青海柴达木盆地，5天无人区的步行，让妈妈迷上了这种生活。所以，2016年的国庆，我还想继续这样的体验——或者去大航海，或者去西藏神山，但一听到爸爸说他准备骑行去山海关，我就决定不去了。

你要上学，你的国庆假期短，我和爸爸必须要留一个人在家中。爸爸想去山海关，妈妈想去大航海，怎么办？总得有一个人妥协。

那就妈妈妥协吧——支持爸爸！

平时妈妈出行的机会比爸爸多，而且，去年国庆是爸爸"值班"的，这一回，妈妈应该支持爸爸的山海关骑行。

就这样，儿子，妈妈跟爸爸"妥协"，你跟妈妈"妥协"，才有了这次一家人热热闹闹的唐山行。

亲爱的孩子，谢谢你，谢谢你还这么小，就懂得了"因为爱，所以妥协"的道理。

妈妈想起来近段时间断断续续看的（听的）两部电视连续剧，一部是《小别离》，一部是《中国式关系》，剧里的两位男主人公，都很典型，值得说说。

《小别离》中的方圆，属于典型的懂得"因为爱，所以妥协"的一类男人。

《中国式关系》中的马国梁，属于典型的不懂得"因为爱，所以妥协"的一类男人。

于是，他们各自的爱情和家庭的命运，也完全不同。

方圆这男人，超可爱。雌激素长期失衡的女人童文洁遇到他，真算嫁对人了。方圆自己是比较著名的眼科大夫，并不吃软饭，但这男人是个典型的"老婆迷""女儿迷"。上疼老婆，下惜女儿，左耳朵服老婆的软，右耳朵服女儿的软。老婆童文洁美丽能干，在单位里既能千娇百媚，又能独当一面，是个女强人。可是这个老婆喜欢杞人忧天，且想象力惊人，总担忧女儿没有好未来，害怕老公被别人抢去，所以活得比较焦虑。一回到家，会比较变态，歇斯底里发作是寻常事，经常无来由地把家庭气氛搞得很紧张。

童文洁管理丈夫也很"严格"。总之，方圆属于典型的"二无"丈夫：手上无权，老婆说了算；身上无钱，老婆刷卡才算。

方圆不仅"二无"，而且还喜欢干家务活，且干得很欢。忙完单位忙家里，真真辛苦得紧，听话得紧。

好像很惨，是不？

事实上并不是。黄磊对这个角色把握得很准很妙。方圆不仅不是一个"苦逼"的角色，而且从头到尾都在带给我们喜庆和欢乐。

因为什么呢？因为他爱老婆，爱女儿。

这爱是发自内心的。因为爱，所以只要童文洁一"发作"，他必有应对心经：

老婆万岁万岁万万岁！听老婆的话，做老婆的事。处处顺着老婆，随着老婆。自己委屈不要紧，只要老婆高兴，天大地大老婆最大。

但他也不是毫无原则地跟老婆站在一边。

老婆对女儿的教育高期待的问题，方圆心知肚明。他要给亲爱的女儿解压，但绝对不能伤害同样亲爱的老婆。于是他在老婆和女儿之间周旋，各种喜剧因素因此产生。

在这个连续剧的 50 多集里，方圆都在和老婆妥协，不断妥协，越妥协越可爱，越妥协越自如。偶尔的一次不妥协，也一定是"反抗"不到 30 秒，自个儿装模作样"厉害" 30 秒，然后偃旗息鼓，继续嬉皮笑脸去逗老婆，求老婆原谅。

这个方圆老公，真是活得明白。各种道理他门儿清，但就是从来不和老婆讲。当然肯定不是他不会讲，而是因为他觉得不必讲。家嘛，男人嘛，就该是女人"撒泼"的地儿嘛。啥事儿夫妻之间都要论个短长，那日子怎么过啊？！

我觉得，方圆是个典型的"觉醒"了的男人角色。他明白，男人在家庭里就应该扮演"和稀泥"的角色。跟自己的老婆妥协，不是可耻，是光荣。

男人的自尊，应该在职场上，而不是在家里。

跟心爱的老婆不断妥协的男人，其实最有阳刚之气。

但《中国式关系》中陈建斌饰演的马国梁，却刚刚相反。

这个角色一出场，就已经在悬崖边上——他偶然发现老婆跟自己的下属沈运关系非同一般。

我的妈呀！当时马国梁的天都塌了，但观众的"第三只眼睛"看剧情，看得很清楚。

马国梁的老婆感情出轨，不全是她的错，而是马国梁平时太忙于工作，对家庭疏于照顾，又不善于关心老婆女儿，时间长了，家庭生活很乏味。恰好马妻和沈运是高中同学，又是年轻时候的恋人。马妻对马国梁有怨言，对沈运又旧情还在，于是，两人就暧昧起来了。

其实马妻对马国梁，还是很有感情的。

马妻很自责，内心很不安，她是心疼马国梁的。她一次一次地找马国梁想说说心里话，告诉他自己为什么会这样。看得出来，她并非下了决心要跟人家走，她只是缺爱。如果马国梁这会儿能够原谅她，能够马上着手修复这段感情，狂轰滥炸地给这个女人一些爱的表示，她是有可能回归家庭的。

偏偏，马国梁是个不懂妥协的人。

马国梁其实痛苦得很，悲伤得很。他是个外冷内热的男人，平时不太搭理老婆，但其实心中很爱她，很在乎她，很怕失去她。

只要老婆不在眼前，马国梁立马表现出软弱。陈建斌的表演很传神、很细腻。这个男人内心深处的呼唤是"老婆你别走！你别走！"

但是，他不倾听内心的声音。他无法原谅，无法妥协。

本来前一刻他还在想念老婆，希望她回归，但老婆真一出现在他面前，他立马变了脸色。他完全被愤怒的情绪控制。于是，对老婆，他除了冷嘲热讽，就是指责抱怨，那些话句句像刀子，刀刀不留情。

而且，他还故意跟其他年轻女人装出亲密的样子，以此挽回面子，打击老婆。

这样一来二去，两人没有一次对话成功。本来还有些犹豫的老婆，最终只能坚定地投入了沈运的怀抱。

他们结婚，马国梁悲痛得差点儿死掉。他用了"生离死别"这个词语来形容自己的感受。这个高大雄壮的男人，在老婆和沈运的结婚照前，无声哭泣。陈建斌真是老戏骨，把那场面演得看断人肠。

作为观众，只有唏嘘感叹：何必呢？何必呢？对自己心爱的女人，尊严就那么重要吗？只要马国梁稍微妥协一下，弯弯腰，这次家庭危机可能就过去了。甚至，两个人因此而吸取教训，重修旧好，婚姻走向幸福也未可知。

所谓的"尊严"害死人啊！

亲爱的孩子，这就是今天妈妈给你讲的故事。

我在想，如果你长大，妈妈希望你成为什么样的人？是方圆，还是马国梁？

当然是方圆。

对亲人、对朋友，没有妥协，哪里有爱？

爸爸爱妈妈，所以他总喜欢向妈妈"妥协"。在家里，大事爸爸做主，小事妈妈做主。结果爸爸妈妈结婚二十多年，家里根本就没有什么大事，几乎都是妈妈做主了。妈妈在爸爸的妥协中成长为了一个很有耐心的家庭主妇。

爸爸妈妈爱外公，所以爸爸妈妈向外公"妥协"。我们把自己的房子给外公住，并且，顺从外公的审美，把房子装修成了他很喜欢但我们不太欣赏的风格，但是，还有什么比老人的开心更重要呢？

爸爸妈妈因为爱你，所以，也跟你"妥协"。我们更加信任你，我们愿意顺从你的成长轨迹，让你选择自己的路，慢慢长大，而不是被社会的惯性绑架，活得紧张而焦虑。

……

唯有深刻地理解并接纳爱人的需求，才会有"妥协"之举。

妥协妥协，是安置"妥当"爱人的需求后走向"和谐"。

家庭中的妥协，其实是一种理性而深刻的宠爱。一旦这个宠爱流动起来，家庭成员之间就会深深地联结在一起。这联结，让我们不再仅仅是血缘上的亲人，而是灵魂相通的朋友。呼唤和应答，一声声，一遍遍，汇成深情的旋律，绕家不绝，响彻今生今世。

这样的人，是最幸福的人；这样的家，是最幸福的家。

所以，儿子，我们都是最幸福的人啊！

谢谢你，儿子，我们家的妥协天使，爱的天使。

妈妈

2016/10/19

唯有示爱不可辜负

亲爱的孩子：

关于唐山行，妈妈还写过一篇文章，对于我很重要，好像比前一篇还重要，也送给你。妈妈的反思，对你会不会也有一些启发呢？

这篇文章叫作：《唯有示爱不可辜负》。

妈妈把它附在这儿，你慢慢读。

最后还是决定去唐山。对我而言，这个决定，经历了太多"挣扎"。其实没有什么麻烦，唯一的麻烦就是，来自唐山的爱太多了。多得让我觉得有点儿承受不了。

接受别人的爱，对我，从来都不是一件容易的事。我研究过自己，我应该也算是那种付出型人格的人，这是家传。我母亲，我小姨，几乎都是这样的人。我已经隐隐感觉到这不是一种健康的心态，但是，真遇到事儿，我还是会被这样的潜意识控制。别人太多、太热情的付出会让我觉得喘不过气来。

晓东兄弟再三邀请我去唐山看世博，我觉得该去。我理想中的出行是"夜行"——悄悄地来，悄悄地去，除了已经很熟的、强行称呼我为"师父"的晓东兄弟，其他人，都别去打扰。

我太理解每一个人平时都很忙碌，假期都需要调整休息。让朋友们用这样宝贵的时间来陪我，我觉得简直是罪过。

况且，所谓的"朋友"，其实都仅仅是我的书的"读者"，我的课的"听者"，他们是另外一种意义上的"朋友"——我完全没有特地为他们付出过什么呀！

没有付出而被款待，这不符合我做人的原则。

而且，随着唐山行的确定，晓东兄弟不断传过来的各种消息，更加让我惴惴不安。票买迟了，第一轮抢票失败，晓东兄弟居然说他要开车从唐山到北京来接我们娘儿俩……

翠红一轮轮微信强攻，要求我一定住她家。她甚至为我的到来重新添置了被褥……

小昭儿坚决要我住宾馆。我说快捷酒店就可以了，她说不行。于是她使出洪荒之力，预订了唐山最昂贵的宾馆……

……

晓东兄弟甚至传过来了一份文件，是什么"国宾级待遇接待君姐计划"，要保证我在唐山的每一个环节都隆重盛大、完美无缺。

我简直都要疯掉了，但晓东兄弟反复"哀求"：君姐啊，你不能太自私，你必须给大家一次机会，让我们表达对你的爱。你不能太自私啊！

事已至此，我知道，我已经控制不了事态的发展了。在兄弟姐妹们的强力操持下，我像是被"绑架"了一般开始了这次唐山之行。

幸而这段时间我正在研读一行禅师的《正念的奇迹》。我给自己打气：你是不喜欢，但别人喜欢；顺从别人的喜欢，也是一种尊重；你能做的，就是配合这样的尊重，尊重这样的尊重。

我对自己说：你就把此行当作一次磨炼，对那种自己也不以为意的"付出型人格"发出一次挑战。你开开心心地"不付出"而接纳朋友们的爱，享受朋友们的爱。说不定，你对人生的认识，会有一次提升呢！

可以说，我也使出了自己的洪荒之力，调整好心态，努力向过去的那个蛰伏在情感深处的我告别，用一种全新的方式去回应朋友们如此高调的"示爱"。

那真是一次意义非凡的体验啊！

接受！接受！接受！

付出难，接受同样难！心平气和、欢天喜地地接受，同样需要能力、需要胸怀啊！

我害怕很多人吃饭，害怕进进出出满汉全席般的菜肴，害怕被轮番敬酒，害怕酒桌子上的各式必需的应酬……在这种场合，我从来口笨舌拙，不仅不会喝酒，甚至，连说什么都不知道，但这回，我要努力做到欣赏别人的表达，欣赏每一道平时不喜欢的菜肴，除了吃饱，还要发自内心地欢乐。好像，我真的做到了！

我被大家的热情感染，我知道其实没有一个人在说"酒话"。每一个人的表白，都热辣辣，都直爽爽，那是华北平原般的坦荡如砥。你，无需脸红，只需接纳，只需告诉自己：你看，你平时做的点点滴滴，主观上为自己，客观上也帮助了别人。你所有的塑造自己的努力，都在影响他人，影响世界。你的人生和他人的人生，正在产生美妙的交织。你应该感恩自己，感恩朋友们，并且继续应答那些呼唤，继续做下去！

做一个被大家宠爱的好孩子，同样需要强大的修为！

在各种各样的肯定和赞美中，你更加明确了自己的方向。在各种各样的小礼物的包围中，你更加学会了如何去表达，如何去回应。大家伙都愿意用自己的时间来陪伴你，你便知道了：要做一个更值得别人陪伴的人，并且有能力陪伴"别人的陪伴"的人。

我努力"化解"这陪伴的方式——就是更加用心地让自己时时刻刻保持"正念"，保持对当下珍贵时光的觉知。"陪伴"不再是单方面的付出和单方面的回应，而成了一种双方对时光的共同支撑和建设。

没有人付出，所有人都在享受，都在得到。

真的，从7月1日晚上到7月2日这段时间里，我好像顿悟了：

第一，关于"麻烦"别人。

心理学中说：将关系中的动力视为麻烦，这本身就意味着，一个人在关系中经历过很深很深的失望。于是他知道，自己伸向别人的手是不受欢迎的。

这好像说的确实是我。小时候，父母关系恶劣，或者说，我的整个大家庭，家庭成员之间，关系都很恶劣。于是我早早独立，内心敏感，自尊心极强，总想凭借个人的努力来获得尊严。

"个人奋斗"一旦走向极端，便被"我"所围，走向"我们"便很艰难。

我老公就不一样。他的父母关系和谐，大家庭很温暖。他便更有能力生活在"我们"中。在交朋结友方面，在敢于"麻烦"朋友方面，他比我坦荡得多，自由得多。所以，老公一直比我柔软。

现在我明白了：不是我坚强，而是老公的心理更健康。

是的，不敢麻烦别人，内心深处，其实也不愿别人麻烦自己。久而久之，就会活在致命的孤独中，像被罩在一个罩子里或薄膜里。

我自己在很长一段时间里就是这种状态：外表灿烂阳光，内在却冷清寂寞。我以前不懂：其实关系的实质，就在于麻烦彼此。没有麻烦，就没有情感。

"麻烦"，其实是关系中的一种"动力"啊。

诗人鲁米说：伸开双臂，如果你还想被拥抱的话。"伸开双臂"，就是要"敢于"去"麻烦"别人，去享受别人发自内心地愿意被"麻烦"，让爱和热情流动起来，创造流动，也享受流动。

这才是真正的热情！

只有这样的热情，才会让"努力对别人好"不产生"付出感"，才会有真正的慷慨诞生。人与人之间的关系建设，才会进入良性循环。

不是"麻烦"，而是你中有我我中有你，"我们"真正生长起来，爱真正生长起来！

我亲爱的唐山的朋友们，谢谢你们教会我那么多！

欢迎到北京做客，欢迎"打扰"，欢迎"麻烦"。让我们都低调做人，高调示爱。让我们继续创造一段一段更好的时光，更深的领悟。

第二，关于"礼"。

我是讨厌所谓"繁文缛节"的。不说人家的礼节，就是自己亲人家的礼节，也常常让我手足无措，觉得被束缚，被压迫。

姨婆千好万好，唯有一点不好，就是对我太好。回綦江老家，姨婆的礼节总是很周到，照顾得太细致、精致，这对我反而是压力。

很长一段时间，我也觉得我是"先进"的、是"前卫"的，那些"礼"是可有可无的，甚至是完全可以不要的。

但生活总是一步步地教育我。

去年暑假去黑龙江白城讲学后，我写下了《就这样被"礼"征服》。白城教育局的隆重礼节第一次让我除了有点儿手足无措之外，还更觉得被震撼、被感动、被征服。

那种庄重的仪式感，那些发自内心地对人的呵护尊重，让我看到了自己皮囊下藏着的"小"来——我自诩讨厌那些"礼"，本质上是因为我不懂"礼"，我没有这份敬畏，缺乏这份耐心。我爱他人，爱这个世界，但还爱得不够。

这次唐山行，兄弟姐妹们又一次"引领"了我。

他们事无巨细的规划书，他们不嫌烦琐的路线"考察"，他们的"欢迎大蛋糕"，他们热情恭敬的敬酒，他们剖心剖怀的表白，他们竭尽所能的盛宴……一切，都出自本心，出自诚意。不是对领导，不是对上级，这里边没有虚假的敷衍，只有掏心掏肺的对我的喜欢和爱。

我突然想到这段时间反复细读的《梁漱溟先生讲孔孟》。老人家把孔子的思想归纳为十四个观点，其中第十个即是"礼"。

老先生说：孔子的"礼"是自然的，是天理，不是人为。礼是人情的自然要求，并不是人情外的假形式。只要发自真性情、率真、质朴，礼就是有必要的。礼是美好人性的流露，是合乎当下本心的活泼泼的东西……

我顿觉醍醐灌顶。

我自己内心深处对"礼"的排斥，并不是因为自己多么前卫和激进，而是因为自己的敬畏不够，爱不够，虔诚不够。

回京路上，我感动满满，感悟深深。唐山行真的是一件大事，我终于懂得：只有一件事不能低调，那就是对家人的爱、对朋友们的爱、对每一个人的爱。

我在心里呼唤：

从此，我的世界，请让我更加高调地对你示爱！

亲爱的儿子，这就是妈妈的领悟，也是妈妈关于爱与被爱的持续思考。爱，是人世间第一重要的事情，是生命的绝对伟业。妈妈还将继续思考和探索下去。我们一起来，好不好？

妈妈

2016/10/5

尊重不仅仅是情怀，更是才华

亲爱的孩子：

这两天，妈妈的圆明书院发生了一件小事故。为了一架纸飞机的归属问题，两个小朋友起了纠纷。后果是其中的一个小朋友的眼睛受伤了。

如果不是受伤小朋友的爸爸妈妈很宽容，这事儿还真难处理。

一个叫廖一蓬的小家伙，针对小伙伴们的冲突，感慨了一句：要笑，不要咆哮。

妈妈偶然听到，觉得妙极了。连忙请他写在黑板上作为当天的"名句推荐"。

要笑，不要咆哮。六个字，挺简单，但做起来千难万难。

就连自称"修行人"的妈妈，被孩子称为"永远在微笑"的妈妈，其实也有忍不住"咆哮"的时刻，但每次咆哮之后，我都很后悔。一个女人，叽里呱啦地叫，那样子一定凶恶死了，难看死了。

面对生活中的事故，失去理性、困于情绪、大呼大叫、张牙舞爪、声色俱厉，不仅不能解决问题，反而还会让事情变得更糟糕。

着急、冲动、发泄、破罐子破摔、以暴制暴……不仅伤害别人，而且也伤害自己。

在这方面，儿子你从小就表现出了涵养和风度。好多次妈妈都绷不住了，要摔碗砸杯子了，都是你力挽狂澜，用小小男子汉的胸怀，把母子之间可能爆发的冲突化解了。

所以，妈妈一直觉得，你是一个情商很高的孩子。

你懂得尊重人，懂得爱。

这点，你很像爸爸，天生大度。不像妈妈，辛辛苦苦修炼了二十多年，才有一点点心得。

这点心得就是：尊重，不仅仅是一种情怀，更是一种才华。

有些人，读过不少书，甚至文化程度很高，社会地位很高，在某些方面很有造诣。但是，他们不一定有"尊重"的能力。

"优秀"的人，不一定是"好"的人。

恰好这两天妈妈教课文教到了北师大版教材五年级的第四单元，这个单元有一篇课文叫《唯一的听众》，妈妈很喜欢。因为，它讲的其实就是一个尊重的故事。

于是，结合年级发生的事故，我动了点儿脑筋，通过品析故事主人公"老人"的五句话，想潜移默化地告诉孩子们：尊重，是一种才华；说话，是一种尊重的艺术。

《唯一的听众》这个故事，讲的是一个极度缺乏自信的拉琴的孩子，在一位音乐学院老教授"装聋作哑"的巧妙鼓励下，最终爱上了音乐，成了小提琴高手。

故事不见得多新颖，类似的构思在其他作品中也有，但我觉得写得特别好的，是老教授的几句话。一个"高贵"的人如何跟人沟通，真是让人叹为观止。

故事一开场，"我"是一个可怜的孩子。

一个人"可怜"，不一定是因为物质的缺乏。最让人痛心的"可怜"是自卑，是自己都瞧不起自己。当时，"我"就是这种状态。

"我"自己诅咒自己是个"白痴"！

因为"我"想练琴，但天分极差，拉得太糟糕，糟糕得连父亲和妹妹——这些最亲的人都受不了我的琴声。他们哀求我不要"折磨"他们。于是，"我"只有"逃"，逃出家门，跑到楼区后面的小山上的树林子里去练。

"我"是不是有点儿像安徒生笔下的那只丑小鸭，周围全部都是否定声——你丑，你丑，你丑……这样的声音，足以全面击溃一个人。

"我"就陷在这样的沮丧状态中。"我"的幸运是，遇到了一位"老人"。

这位老人，真实的身份是"音乐学院最有声望的教授，曾经是乐团的首席小提琴手"。

你看，一个自称"白痴"的到处逃跑的孩子，低得不能再低了；一个有身份有声望且有真才实学的老教授，高得不能再高了——他们相逢了。我的天，我都替孩子捏一把汗啊。音乐白痴遇到音乐天才，被狠狠"指点""修理"的可能性太大了。

事实上，"白痴"还不知道自己遇到的是天才的时候，已经吓傻了。

先是"吓了一跳""脸顿时烧起来"，然后判定"自己破坏了和谐""打扰了老人"，并且决定马上"溜走"。

孩子，如果你是那位老教授，你会如何做？

妈妈也扪心自问了。我想：我这种修养水平的人，能够做到的最好的程度，可能不过是"笑眯眯地看着这个孩子离开"。不指责，不抱怨，已经很了不起了。

但这位老人是怎么做的呢？

她先"叫住我"，让"我"别走，然后说了第一句话：

> 是我打搅了你吗？小伙子。不过，我每天早晨都会在这里坐一会儿的。

妈妈带领着全班同学一起细细体会这句话。我问孩子们，为什么老教授不这样说：

"小伙子，我每天早晨都会在这里坐一会儿的。我肯定打搅你了。"

从语文的角度来分析，这是一个通过调整内容的前后顺序来起到特殊强调作用的句子。儿子，正常情况下，一个人总是愿意，而且总是自然而然地要把最想突出的内容放在一句话的前边。可见，这个老人在第一时间最想传递给"我"的信息是：

我打扰你了，我内疚。我不是故意的，请你原谅我，小伙子。

你想想，听到这句话，刚才那个如惊弓之鸟想要逃跑的孩子会怎么样？他会感觉多温暖，他紧张的心情应该一下子就放松了。

从沟通学的角度看，这叫"主动承担责任，哪怕这责任不是自己的责任"。这样做，可以让对方迅速平静下来，不再处于情绪的敌对状态或者不平等状态。

而且，老人说这句话，用的是疑问句，而不是肯定句。

疑问，就意味着商榷，意味着征求意见，意味着在主动感受别人的感受，意味着随时准备调整。

儿子，这就叫尊重。

等"我"的戒备感、负罪感消除后，然后，老人说了第二句话：

> 我猜想你一定拉得非常好，只可惜我的耳朵聋了。如果不介意我在场的话，请继续吧。

我跟小朋友们讨论，其实，老人也可以这样说："只可惜我的耳朵聋了，你一定拉得非常好。你可以不介意我在场，请继续吧！"

儿子，你发现没有，这位老人依旧用的是商榷的语气，"猜想""如果"，她把自己放得很低，很低。低到了这个地步——

"只可惜我的耳朵聋了……"

为什么要撒谎"自残"？

她想帮助这个爱拉琴的孩子。

在第一时间，没有深思熟虑，她做出的选择就是：

让这个孩子安心——我耳聋，你拉得再差，我也听不见，所以你不必有顾虑。

给这个孩子自信心——你一定拉得非常好——请注意这个"一定"，这对一个长期被否定打击、连自己都称自己为"白痴"的人，这句"一定拉得非常好"，该多么珍贵，多么温暖！

最最重要的是——给予这个孩子实实在在的支持。老人说了第三句话：

> 也许我会用心去感受这音乐。我能做你的听众吗？就在每天早晨。

儿子，关于这句话，妈妈特别想多说几句。在这个世界上，大部分人都只愿意站在舞台中央，或者说，大部分人的奋斗目标都是站在舞台中央。做观众，坐在台下，坐在路边，倾听别人，为他人鼓掌，欣赏他人的成功，天然是一件极其艰难的事情。这位老人的可爱就在这里，她不仅懂得安慰，更为重要的是，她在一瞬间就洞悉了这个孩子最深刻的需求——他迫切地渴望鼓励，他需要听众，需要支持他把琴练下去的正面力量。

不管再怎么糟糕的孩子，内心深处也依旧渴望一个舞台，也依旧渴望着成为人们关注的焦点啊！

爱，从来不仅仅是一种情绪的表达，爱是一个动词。爱，需要扎扎实实的行动。知道别人要什么，及时给予，这才是真正高水平的爱。并且，如果还能做到谦卑地给予，不露声色地给予，给予了而不张扬，那该是多么博大的心胸，多么柔软的灵魂，多么慈悲的智慧啊。

妈妈就做不到。妈妈愿意给予，但妈妈有时候还是忍不住要"炫耀炫耀"。妈妈还不够谦卑啊。

所以，当老人说完这句话后，"我"这个"白痴"才会有这样的感受：被打动——喜悦——羞愧——有信心——决定坚持！

你看，儿子，这些情绪就是美好的回馈。一个善良的人并没有让另一个善良的人沉溺在那些宠溺之中，而是更加激发了他的自省和上进心。这就是教育的最美好状态：一棵树摇动了另外一棵树，一颗灵魂影响了另外一颗灵魂。

老人的第四句话是：

真不错，我的心已经感受到了。谢谢你，小伙子。

这句话是老人"总不忘说的"——她反反复复地说这句话。

为了帮助小朋友们体会这句话的"好"，我问他们：为什么这两句话用的都是句号？老人可以用感叹号啊，更加动情地赞美"我"拉得好啊！

小朋友们说，不行，用感叹号就夸张了，就假了！

赞美为什么还会假呢？我故意追问。

小朋友们说：因为"我"其实知道自己的水平，"我"真的拉得很差。"我"知道老人是在鼓励"我"。如果老人夸张地赞美，"我"反而会不舒服。老人掌握赞美的分寸掌握得很好。

哦，儿子，就是这样的！并不是所有的赞美都能带来快乐。过犹不及。如果赞美缺乏真诚支撑，那就可能成为阿谀奉承。就像《三傻大闹宝莱坞》中查特恭维"病毒校长"的那次演讲，他的形容词用得越多，感叹号用得越多，就越让人大倒胃口。

一个人，该对人性的需求有多么深入的思考，对心灵的柔软度有多么细腻的体验，才会在赞美的时候做到，增之一分则太多，减之一分则太少，拿捏得恰到好处啊！

最动人的还有那句"谢谢你，小伙子"。

儿子，你会吗？付出了，还说谢谢！

妈妈也是近几年才懂得这个道理：不仅得到应该感恩，就连付出，也应该感恩。

感恩付出，感恩在这个世界上还有人让我们去爱，还有事让我们去经营。我们因此而忙碌充实，我们的生命因此而被赋予意义。

付出，真的是应该被感恩的啊！

这位老人，深谙这个很多人一辈子都悟不出的道理。

老人还有一句话，不是直接描写，而是"我"的转述。"我"写道：

有一次，她竟说我的琴声能够给她带来快乐和幸福。

从语文的角度分析，这样的转述，是"全知觉"式的，能够准确地表达听话人的感受。五句语言描写，其中一句用转述来表达，不仅使语言摇曳生姿，而且直入人心。

这是一句很高的评价，但不是直接技术性地评论琴声达到了专业的哪个水准。老人回避了这个问题，也就是回避了我真实的技术水平的问题——艺术这个东西，精熟是一种状态，打动人心是一种状态。精熟的未必能打动人心，打动人心的未必一定要精熟。

对于"我"当时的状态而言，这才是"我"最需要的肯定，也是对"我"的最高评价。

拉琴，给人带来了快乐和幸福。

还有什么，能够比这个评价更高、更真诚？能够比这个更能激发"我"热爱生活热爱艺术的心呢？

是不是可以这样说：这个评价，没有评价，但却是最走心最高明的评价。

因为，这样的"评价"没有比较，没有评判，只是准确地表达了自己内心的感受。

克里希拉穆提说过：不带评论的观察是人类智力的最高形式。

对于这样一个"特殊"的心怀自卑的小伙子，自始至终，这位老人都没有对其技术指指点点，她给予的，是小伙子最想要的——鼓励和欣赏，陪伴与加油。

这位老人，不仅是音乐家，而且还是一位心理学家啊！

除了老人的语言，文中还有更动人的描写：老人的话不多。大部分时候，她都很"平静"。注意，"平静"这个词语，在文中反复地出现：

> 我们没有交谈过什么，只是在一个个美丽的清晨，一个人默默地拉，一个人静静地听。老人靠在木椅上，微笑着，手指悄悄地打着节奏。她慈祥的眼睛平静地望着我，像深深的潭水……

儿子，其实这也是语言描写，只不过是通过动作、神态、外貌描写来写语言——此时无声胜有声。人与人之间最美好的交流，到了一定境界之后，就是这个样子的。

一切尽在不言中！

这个故事，真是把人与人之间的心灵沟通，写得美，写得准，写得深！

总结起来，老人的语言表达方式其实就是她做人的方式，面对问题的方式。咱看看，那是多么深的修为：

> 责任全揽，表达抱歉。
> 消除内疚，热情鼓励。
> 增加信心，自做观众。
> 持续赞美，表达感恩。
> 高度评价，不吝赞美。
> 无言陪伴，传递肯定。

就是这样的"尊重"和"爱"，帮助一个音乐"白痴"成了卓越的音乐人。而且，这个小伙子不仅拉小提琴拉到了很高的境界，最关键的是，他发自内心地爱上了音乐，爱上了生活，爱上了——自己！

儿子，这就叫尊重。尊重不仅仅是一种情怀，更是一种才华。

别人尊重我们，不是因为我们多么优秀，而是因为别人优秀。

星云大师的"人间佛法"有四大信条：

给人信心，给人欢喜，给人方便，给人希望。

佛陀说：不忍心看到另一个生命痛苦，就是恻隐之心。在此基础上参与分担另一个生命的痛苦，就是悲心。

这就是佛心，但这，又何尝不是一种心灵的才华。

要拥有这种才华，这样的优秀，需要学习，需要修炼，需要长时间刻苦训练自己。

教这篇文章，妈妈很受启发。妈妈觉得，天天在书院提倡"阳光思维方式"的自己，内功还差得太远了。妈妈要努力，要向这位老人好好学习，争取成为一个真正拥有"尊重"能力的人。

也祝愿，这个故事能够带给你一些思考，一点儿帮助，让你也能学会尊重且获得更多的尊重。

妈妈

2016/10/21

我们和幸福之间，隔着的真的不仅仅是钱

亲爱的孩子：

今天，妈妈居然"批评"爸爸了！

妈妈已经很久很久不"批评"爸爸了。

这些年，妈妈用尽"洪荒之力""修炼"心性，终于渐渐能做到不再任意对别人的行为进行评判，特别是对亲人。

这一点，爸爸从来都做得很好，而妈妈"懂事"晚，直到 40 岁以后，才对此渐有领悟。

爸爸妈妈之间，是充满"正能量"的。你也看到了，互相鼓励、互相支持、互相关心，是爸爸妈妈之间的交流方式。

这一回，在决定"批评"爸爸后，妈妈在客厅里很酝酿了一会儿感情，琢磨着话应该如何说，才不至于伤着爸爸。

此刻，爸爸正在厨房里干得热火朝天。

40岁以后，妈妈的进步是不再那么急躁、"刻薄"了，不再那么容易看到别人的缺点了，而你爸爸更神奇，这个二十年来曾经"上不管房子，下不管草纸"的男人如大梦初醒一般，居然成了家里的第一大厨。

所以，人的成长，是多么缓慢的事情。儿子，你只要看到爸爸妈妈是多么艰难地成长的，你就要对自己好一点儿，再好一点儿。你要告诉自己：我现在做不到，但是未来我未必不能做到。我相信自己，我要给自己时间。当你对身边的人失望的时候，你也要告诉自己：耐心，耐心，耐心。每个人都在等待自己顿悟的那个时刻。它也许来得很早，也许来得很晚。

没有耐心，就没有知心。

爸爸把最后一盘菜端进了饭厅。我鼓起勇气："老大，今天要给你提一个意见哈……你可千万要挺住，不要倒下……"我睁大眼睛，笑眯眯地说。

"呵呵呵，我知道……没有想到，你也看到了。"妈妈还没有说完，你爸爸便接过了话头，"你是不是想说我不该用这个碗盛菜？"

妈妈被"震撼"了。天啊，爸爸居然未卜先知！

爸爸不仅未卜先知，而且连忙承认错误："我也想用盘子的。但想让你少洗两个碗，就干脆用了……"爸爸嘿嘿嘿、乐呵呵地解释道。

我看爸爸态度很好，趁机撒娇："好好的菜，不用漂亮的盘子装，用这样的碗装，大大影响了我们的食欲啊。"甚至，妈妈又"狠"了一次，我继续说："你们家啊，一直就这样，这些方面一点儿不在意。我从小到你们家吃饭，餐具的美观好像从来不在你们的考虑范围之内。"

我这么说，是想告诉爸爸，他不讲究，不是他的错，是他从小生长的家庭对他的影响。事实上，爷爷奶奶在这方面是比较粗糙的。奶奶太会过日子，家具餐器皿，结实牢固永远是第一要求，至于审美追求，几乎没有。这也不是爷爷奶奶的错，他们那一辈的中国人，实在是穷怕了。肚子都吃不饱，谁还顾得上美不美？

妈妈说这些的时候，努力把语气调整得漫不经心，很有女人味儿。我不想让爸爸感觉我是瞧不起他们家，事实上也没有。当初嫁给爸爸，爷爷奶奶的恩爱慈祥起到了重要作用，但有些问题，在适当的时候，以适当的方法提出来，对我们的家庭建设而言是必需的。

夫妻之前的互相包容，并不是说要无限度地容忍。

沟通交流，比忍耐重要。

这一回，爸爸表现得很豁达。他乐呵呵地说："我错啦我错啦，我改正。绝对保证我的菜色香味俱美，好看还好吃！"

我的心也放下了。觉得你爸爸这个男人，真可爱，真值得爱！

一次"家庭矛盾"和谐解决。

孩子，当时，你也在现场，跟你说这个细节，不仅仅是想提醒你观察爸爸妈妈的相处方式。你可能觉得一切都很美好，爸爸妈妈很恩爱和谐，但你要知道，这种好状态并不是天生的。年轻的时候，爸爸妈妈也很不懂事，也常常为类似的一些鸡毛蒜皮的事互相伤害。爸爸妈妈走了很多路，经历了很多事儿，才渐渐学会平心静气地多站在别人的角度去表达。关系的营造建设，是我们终生的修炼课题。你渐渐长大，也会遇到很多类似的困扰。希望爸爸妈妈的交流方式能够给你一些启示。

当然，在这个方面，你从小就是妈妈的榜样。你个性天生就包容平和，不急不躁。这是难得的优点，妈妈要向你学习。

妈妈借这个事件，还想说另外一个重要的想法。

这次妈妈含蓄地"批评"爸爸，是因为爸爸盛菜的器皿选得"不美"。

这是小事儿，它重要吗？说重要也重要，说不重要也不重要。全看个人的审美选择。

在家庭的审美上，妈妈还"批评"过一次爸爸。

妈妈趁爸爸不在家的时候，蓄谋已久"自作主张"地扔掉了爸爸公路自行车的打包纸箱。

那是一个巨大的纸箱，横亘在饭厅与客厅中间，占了很大空间。

爸爸说不能扔，下次打包还能用。爸爸这些年去全国各地骑行，有时候需要把车子打包运送到启程地，或者打包快递回北京。

妈妈进进出出，一看到那个庞大的纸箱，心里就堵得慌，但因为爸爸宝贝一般地看护着，也不好马上处理。

这回趁爸爸不在，连忙扔掉。

扔了之后，妈妈赶在爸爸回家之前向他请罪。妈妈发微信讨好爸爸说："老公大人，请原谅老婆的肆意妄为。下次打包买箱子，我来付钱……"

爸爸那头无语，我知道他还是有些不高兴。

大概爸爸觉得，妈妈真是穷讲究。

孩子，这就是我们对"美"的认识不一样。

爷爷奶奶的家，在家庭整洁家庭装饰方面，大概是比较麻木的。小时候去爷爷奶奶家，最不习惯的就是家里永远堆满了东西。奶奶节俭，什么都舍不得扔。家里的东西，很多都比我们的年龄大。那个年代，空间本来就逼仄，东西只进不出，日子长了，你可以想象，那是什么场景？

爸爸就是在这样一个家庭里长大的。他从小耳濡目染，已经习惯了，觉得这很正常。可是妈妈呢，从小生活的环境不一样。我们的房子比爸爸家还小还破，但你的外婆和姨婆都是特别会整理、会收拾的人。窗明几净，敞亮通透，是我对家的基本认识。妈妈是不能容忍家里堆杂物的。

而且，你想想，北京房子多贵啊。一个平方米小十万，为了节约百八十块钱，一个大箱子长期占去 2 平方米，这划算吗?

仔细想想，当然不划算。家里留存杂物，在这个物质已经很富足的时代，表面上看是节约，会过日子，实际上带来的是生活质量的下降。

用什么样的盘子盛菜，把自己生活的空间收拾得怎么样，这些都是小节，但也是这样的小节，决定着我们的生命质量。绝不是有钱，就可以把日子过好；也绝不是没有钱，日子就必然得很糟。生活的品位，日常生活的质量，跟我们的审美习惯，是息息相关的。

在这方面，给妈妈最大启示和最深刻教育的是姨婆。姨婆是穷人，一辈子靠一点儿微薄的工资吃饭，从来没有富裕过。事实上她活得很不容易，生命中的各种困难、麻烦也从来没有断过，但是姨婆的日子，从来都是过得最有美感的。

姨婆有一种神奇的才能，她既会打扮自己，也会打扮环境。

当年姨婆下岗，生活艰难，不得已到富人家里干保洁。可是，她就算跪在地上擦地板，那状态，那气质，还是会让人误以为她才是女主人。

在綦江的房子装修的时候，姨婆借住在别人的家里。那是个很小很简陋的房子，姨婆一住进去，一分钱没花，房子就变了样。

再讲究的人去了姨婆家，都会觉得没有必要再住宾馆了。姨婆有能力让家比星级宾馆还要干净，还要漂亮。

所以我说，姨婆是天生的贵族。她对美有一种与生俱来的敏感和执着。

不管面对什么样的生命困境，她都用"美"的状态，昭示着自己"好好活"的生命尊严。

　　与环境的美相呼应，姨婆也很会生活。我们每次回老家，你看见过姨婆睡懒觉吗？看见过姨婆熬夜吗？看见过姨婆无所事事吗？从来没有过！姨婆从来都是早起早睡，几十年如一日做清晨大扫除，几十年如一日把日常生活安排得极有规律，极有质量。姨婆退休后定时参加各种老年艺术团，闲下来，不是编织毛衣，就是看书学习——姨婆这些年越来越喜欢看书，她把妈妈的书看了一遍又一遍。就连发微信，姨婆的用词也多了很多文化味儿……

　　姨婆是活到老，美到老；活到老，勤劳到老；活到老，学习到老。

　　可以说，姨婆是妈妈最好的老师。妈妈读了那么多书，讲了那么多课，写了那么多文章，但说实在的，也只学会了姨婆生活能力的百分之一。

　　在姨婆面前，妈妈永远是小学生。

　　像姨婆这样的女子全身所体现出来的美与尊严，跟钱，是没有多大关系的。

　　确实，就算你有很多钱，你也未必能够把日子过好。

　　"罗辑思维"的罗振宇在 2017 年跨年演讲的时候说到一个细节——他在南方陪朋友买二手房。一个早上，走了近十户富豪之家。这些富豪住的房子，价值都在 2 000 万以上，是真正的豪宅，但是，他们也看到了这些富人的生活状态：少有早上起床梳洗好迎接他们的；豪宅内陈设豪华但清洁卫生状况不佳；特别是主人的精神状态的颓废，让人感觉这些房子散发着不快乐的气息……

　　罗振宇讲到这点的时候，我特别有感触，类似的经历我也有。

　　是的，你可以住大房子，但你未必有能力照顾好你的大房子；你可以请人打扫清洁，但你未必能够过上清洁的生活；你可以在冰箱里堆满了美味佳肴，但你未必能够吃上可口的饭菜；你有能力请健美教练陪着你锻炼，但你未必能够拥有健康的体魄。

　　……

在这个世界上，钱能够解决很多问题，但确确实实还有很多问题是钱解决不了的。

现在，我们家的经济条件也比以前好很多了，但爸爸妈妈的生活能力、审美能力，在很多方面，依旧停滞不前。孩子，希望你多观察姨婆，看看她是如何将一把蔬菜扎得像花儿一样好看的，是如何将几个碗碟摆成艺术品的样子的，是如何把妈妈淘汰下来的旧服装搭配得很精致的，是如何把门口的鞋子排列得像商场里的展览品的，是如何把拥挤的衣柜整理得清清爽爽、井井有条的……

当然，更重要的是，思考为什么姨婆快 70 岁了，还经常有人说她是妈妈的妹妹。

这里边，有很多生命的奥妙。

今天，你可能学业出色，也可能学业平庸。未来，你可能很有钱，也可能没有什么钱。这些，都是无法掌控的，要靠天时地利人和才能决定。

但是对于日常生活的审美能力，只要你愿意琢磨、愿意学习，你都能学到一二，而这一二，在未来，不管你是有钱人，还是穷人，都能让你活得有滋味，有尊严。

亲爱的孩子，让我们一起向姨婆学习，无论在哪种生命境遇下，都做一个追求"美"的人吧。

让我们把"没有多少钱，也能过得很有品位"，当作我们家的追求吧。

妈妈

2017/2/26

请原谅妈妈当年不懂温柔

亲爱的孩子：

这封信，2017 年的大年初一我就打算写完，但只写了个开头，就写不下去了，今天才重展信纸。开头，妈妈就不改了。

儿子，妈妈希望你知道，面对自己的失误，妈妈还是很沮丧和沉重的。因为，时光不可以倒流，有些错，无法改，但妈妈也是幸运的，当我意识到这些的时候，你还未完全长大，而我，还未真正衰老。

我们，都还来得及。

如果可以，请允许，在此刻，大年初一，2017 年农历的第一天，妈妈写下早就想写下的忏悔。

今年，妈妈就 45 岁了，这在过去，是一个很让妈妈恐惧的年龄，但真的走到了这一天，好像一切都是自然而然、理所当然的。

此刻，姨婆在厨房忙碌，一如四十年前。不管是现在宽敞明亮的新家，还是当年简陋破败的旧家，只要过了姨婆的手，都会变成一个温暖干净的家。姨公在小区附近的池塘垂钓，海风习习，椰树妖娆，南方的阳光，灿烂夺目。90 多岁的爷爷在看电视，80 多岁的奶奶在午休，婷婷姐姐 4 岁的小女儿在游泳池边滑滑梯……时光荏苒，岁月浅浅流淌，一切都好像万古不变，美好得不忍打扰。

此刻，妈妈问自己：如果你要忏悔，你今生犯过的最大的错，做过的最后悔的事，是什么？

妈妈根本不用想，那些曾经的错，至今的悔，全和一个词语有关。

那个词语，叫作——温柔。

是的，所有不美好的、糟糕的生命体验，全因为不懂温柔、没有温柔的能力。

不懂温柔的妈妈，对你，犯过多少错啊！

最最让我不能原谅自己的，是妈妈对你的拒绝。

在你小时候，特别是四年级以前，你是依赖妈妈的。偶尔，晚上，你会抱着你的小枕头，小心翼翼地蹭到我和爸爸的卧室，可怜兮兮地要求和我们睡。那时，妈妈正好看了一些现在想来特别"脑残"的书，对培养你的独立能力志在必得。于是每一次，我都像个铁石心肠的母亲，板着脸，很严肃地"命令"你回自己的房间去，你便眼泪汪汪地委屈着自己回去了，而妈妈，当时居然还为自己的"铁石心肠"感动，觉得因此让你得到了锻炼。

可是，惩罚很快就来了。

你柔软而甜腻的童年时代像北京春天的一阵风，瞬间就刮完了。你不仅不再要求和我睡了，甚至，碰一碰你都不可以了。你嚷嚷着"男女授受不亲"，连换个衣服都不准我看了。要拉拉你的手，要跟你拥抱拥抱，都成了奢侈的事情。

妈妈这才意识到：我犯了一个多么不可饶恕的错误。在你因为年龄和天性需要母亲、渴望跟母亲亲热的时候，我残忍地推开了你。我浪费了本可以和你甜蜜相处的最珍贵的时光，而且不再有可以弥补的机会。

哎，亲爱的孩子，请你原谅，原谅妈妈当年的无知和愚蠢。

我曾经还是个急功近利的妈妈。

你小时候，妈妈也被望子成龙的梦控制过。我想往你的小脑袋里迅速地塞进很多很多"有用的东西"。

一年级的你一放学回家，接过你的小书包，妈妈做的第一件事不是拥抱你、陪你玩，而是兴致勃勃地要和你一起背诵诗词……那个时候小小的你还不懂得拒绝，可是，我分明看到了你的不情愿，但妈妈不管，执意要和你一起背诵完诗词才放你出家门。

还有一段时间，我被所谓国学弄得五迷三道，发誓要提前对你进行传统文化教育。于是，我从网上订购了某某教授的教材，硬往你的小脑袋里塞那些连我自己都不喜欢的《弟子规》《三字经》……你当然无法反抗，但我分明看到了你无法表达的困惑和厌恶。

现在想想，这么做是多么不顾及小孩子的感受、不尊重小孩子的体验，是多么地不符合教育规律，多么地不人道。可是，当时的妈妈，怎么就可以理直气壮地去做呢！

妈妈几乎不对别人蛮横粗暴，但对你，却真的过分过。

最残酷的一次，是我带着你和几个小朋友跟着付叔叔去凤凰岭阳台山远足时发生的事。原计划是20来公里，这个距离，对我们是不太有挑战性的。可是，走着走着，大部队就迷路了。我们在大山里转，怎么都转不出来。实际上那天我们行走的实际距离，已经接近 40 公里了，实在是有点儿远了。

天色渐暗，大家都精疲力竭。你不高兴了，开始耍赖，坐下来，不愿意走了。妈妈觉得很没面子：同行的好几个小朋友，且爸爸妈妈都不在身边，他们都继续坚持着，只有你表现得不坚强。

如果是现在的妈妈，我会很理解小小的你当时的状态：确实行走距离已经远远超过了计划距离。失信的，首先是大人。而其他小朋友没有发作，恰恰是因为他们的父母不在身边，他们没有撒娇的对象啊。妈妈当时为什么就想不到这一层，而只有野蛮残酷的比较呢？

如果是现在的妈妈，当你不高兴的时候、发出质疑的时候，我一定会细心地解释、诚恳地道歉，一定会把疲惫的你拥在怀里，鼓励你，支持你，甚至背着你走一段。我相信，以你平时的表现，如果妈妈有足够的温柔，这温柔会化解你的委屈，应答你的撒娇，你很快就能恢复原状，继续咬牙前行。

可是当年妈妈很笨，很蠢。妈妈自私了，我被别人家小孩儿的优秀表现冲昏了头脑，我觉得很没面子。我无法接受你和别的小朋友不一样的现实，我严厉训斥你，在森林里声色俱厉地教训你，不仅如此，我还捡了一根树枝，义正严辞地威胁你，用大人对小孩子最残暴、最冷酷的方式，要求你继续前行。

最后我冷冷地威胁道：你不走，我就真走了。

然后丢掉你，扬长而去。

最后"拯救"你的，是付叔叔。

当时我还自以为是，认为作为妈妈，就应该这样严格，就应该像这样守住家庭教育的"底线"，不该跟孩子让步的绝不能让步。

直到今天，一想到这件事，妈妈就悔，就愧，妈妈甚至不相信，我曾经是那样的不近人情、粗暴疯狂。当时，我的思维方式、行动方式多么幼稚狭隘，可悲可笑啊。

儿子，不温柔的妈妈，实在对你犯过太多的错。

在潜意识中，我希望你成为"我"。

我爱长跑，我便要求你也爱。事实上你对这个活动一点儿兴趣都没有，我很失望。妈妈忘记了，我爱上长跑的时候，也已经 15 岁了，而且爱上的原因是小时候身体太差。这些要素，你都不具备。

我爱爬山，我便希望你也爱。在你小学时代，有一段时间，我强行带着你爬遍了北京北部的山。我每次都心旷神怡、激动万分，而你却经常垂头丧气、无精打采，我很失望。到现在我才明白，不喜欢爬山的人太多太多，不止你一个。

我和爸爸爱骑车远足，我们便希望你也爱。可是每次你都表现得心不在焉的，好像对这个活动毫无兴趣，我很失望。后来经朋友提醒才明白，我们的队伍中都是大人，如果有几个孩子，或许你的感受会不一样。

我爱文娱，姨婆更是这方面的高手，于是我们便希望你也爱。可是，你对唱歌、跳舞都毫无兴趣，我和姨婆都很失望。后来你渐渐沉浸在自己的音乐世界中，我才懂，你不是不爱音乐，只是不爱我们的音乐，而妈妈没有能力向你推荐你喜欢的音乐。

小学时代有一段时间，你爱上了写小说，但你的小说都是二次元、三次元的风格，我看不懂。于是，我直接地告诉你我的意见。结果，你写着写着便没有太大兴趣了。现在想来，妈妈真的很蠢。我看不懂的电影太多了，我听不懂的音乐太多了，我怎么可以以我的"懂"来作为衡量你作文好坏的标准呢？

......

哎，亲爱的儿子，这就是你的妈妈，一个曾经太自我、太武断、太暴虐、太自以为是的妈妈。这个妈妈，曾经对你犯下过多少罪啊！

妈妈太健忘。

我忘记了自己在学生时代成绩也不优秀，忘记了自己的物理曾经只考了18分，忘记了自己高考考了两年，数学也没有及格，最后只能上重庆最最普通的师专。

我有什么理由要求你的成绩必须优秀呢？

妈妈太忙。

我总是沉浸在自己的所谓"事业"中，我把大把大把的时间献给了我的学生和我的班级，而你小时候，想要妈妈陪你看一次动画片我都推三阻四，总有拒绝你的理由。

曾经有无数可以陪伴你的时光被我浪费了。

曾经有无数可以温柔对你的机会被我浪费了。

这二十多年来，妈妈通过奋斗，在事业上取得了一些成功，成了叔叔阿姨们喜欢的所谓"名师"。娘家和婆家的老人，对妈妈也是赞赏有加。想来你的爸爸，也会评价妈妈是个不错的妻子，但是你，儿子，如果让你来给妈妈评分，假设你给了妈妈一个好分数，妈妈是无颜接受的。

倒是儿子你，不断以自己的行为教育着妈妈、提醒着妈妈：我可以做得更好，应该做得更好。

有一件事，你给予妈妈的教育最为深刻。

你不会游泳，一直是我的心病。妈妈很小就自己在綦江河里扑腾学会了游泳。我觉得，那是一件太有趣，也太简单的事情了。我们家的孩子，怎么可以不会游泳呢？

你对游泳的恐惧来自三四岁时在小区游泳池的一次失足呛水。爸爸奋力把你从水里捞出来后，你便不愿意再下水了。

我一年一年地忍耐着你的"不愿游泳"。每个暑假，我都想方设法地要给你报体育大学的各种游泳班。

终于有一次，在你又一次拒绝后，我爆发了。我怒火中烧，拍桌子扔凳子，风度全无。

你也气坏了，你气呼呼地回到自己的小屋，"啪"的一下关上了门。

这是你第一次对我关门。

这一关，把妈妈关清醒了。我从恼怒的情绪中冷静下来，心想：完了，你的青春期猛虎下山了，儿子也开始跟我们宣战对抗了。

望着那扇紧闭的房门，我六神无主、心急如焚。

没有想到，没过多久，你居然自己开了门，轻轻地从房间走出来。你心平气和地跟我说：妈妈，我们谈谈吧。

天呀，儿子，你不知道，那个时刻，你用你的温柔和理性，挽救了不温柔、不理性的妈妈。我对你感激、佩服得五体投地啊。

没有你的开门，那一天，妈妈真的不知道该如何收场！

从此我知道了你的成长：你在很多方面已经超越了妈妈。你的心，比妈妈宽阔啊；你的包容力，也胜过了妈妈啊。

如今想来，对于游泳，你的心中有阴影。你还需要一些时间来走出这些阴影。妈妈着急什么呢？担忧什么呢？

你有你的节奏，只有你最知道自己的节奏。

妈妈为什么不选择相信和等待呢？

儿子，在经历了很多很多事，犯了很多很多错后，妈妈才懂得：老天爷真是神奇，他赐予了我一个跟我完全不同的儿子。

我好动，你好静。

我急躁，你冷静。

我浪漫，你理性。

我强硬，你随和。

我硬度大，你弹性大。

我激情万丈，你从容淡定。

……

我慢慢地意识到，你确确实实是跟我完全不一样的生命。

你将选择跟我完全不一样的道路，经历和我完全不一样的人生。

因为你，我看到了从我自己的视角看不到的另外一种生命的可能。

上帝用这样的方式成全了我的好奇心，让我的生命变得更加丰富而圆满。

哎，儿子，如果时光可以倒流，亲爱的孩子，我会回到起点，认认真真地修炼自己，让一切重新来过。

温柔，将会是妈妈追求的第一品质。不，是唯一品质。

此生，做一个温柔的妈妈、温柔的女儿、温柔的妻子、温柔的老师，将会是妈妈的最高追求。

幸而，一切都还来得及。

在未来的岁月里，你会看到妈妈的成长。

请你为妈妈评分。

你最有评判的权力，而你的评价，也将是最高评价。它将比妈妈获得的所有获奖证书都重要、都珍贵。

妈妈已经是特级教师，余生，妈妈希望成为特级妈妈，特别懂温柔，特别有能力温柔。

亲爱的儿子，请督促妈妈，请指导妈妈。

你是妈妈最好的老师。

妈妈

写于 2017 年母亲节

2017/5/14

2016，请喜欢一个姑娘

亲爱的孩子：

新年了，想给宝贝一份祝福，妈妈想了想，写下了这个题目。

哦，是的，新的一年，祝福宝贝能喜欢一个姑娘。

爸爸最初喜欢一个姑娘，大概也是在你这么大的时候。爸爸躲在教室后排给这个姑娘画像，画她长长的辫子，画她写作业时候挺直的腰背，画她认真听课时久久托着腮的样子……爸爸没有学过画画，但突然间，就会画了。

不仅仅是爸爸开始喜欢姑娘，爸爸的同伴们都开始喜欢姑娘了。这些不大不小的男生们各自怀揣着小心思，常常瞄准喜欢的姑娘发呆。他们还会暗暗地，或者互相勾结着、撺掇着写情书，平时作文成绩一塌糊涂的男生也摇身一变成为才子，洋洋洒洒，一写就是18页、20页……根本停不下来。这些情窦初开的长篇大论，姑娘们常常一眼不看就上交老师，或者一把塞进桌斗里永不见天日。姑娘们的矜持与高傲毫不影响小伙子们继续喜欢姑娘。这喜欢静悄悄的、热辣辣的，让校园里、教室里弥漫着活泼泼的欢腾，空气清洌得如刚刚入春的冬日。

当然，姑娘们也开始喜欢小伙子了。诚实地说，妈妈喜欢同班小伙子的时候，比你现在还小得多。喜欢，就是老偷偷地瞅教室的门，希望他出现，就是偶尔会有一种奇妙的冲动，想去握一握他的手。当然，一直到毕业也没有握成，有一点点遗憾，但那遗憾也是甜甜蜜蜜的。总之，那喜欢干净又热烈，像活泼的小溪流，欢天喜地地流淌一路，偶尔停下来寂寞地沉吟一小会儿，又兴高采烈地向前了。

类似的故事，类似的喜欢，被台湾一个叫吴念真的大名人，用一篇叫作《思念》的小散文，描写得淋漓尽致。《思念》中的主人公特别小，但男孩和女孩之间的互相喜欢，就像朱自清《春》中描写的一样：

> 一切都像刚睡醒的样子，欣欣然张开了眼。山朗润起来了，水涨起来了，太阳的脸红起来了。

整个世界于是都不一样了。

儿子，在《思念》中，妈妈发现了少年时代自己的影子。你呢？那个小小男孩，是不是也可能是曾经的你？

吴念真写得多么好啊，好得无法言表。

思念
吴念真

小学二年级的孩子好像很喜欢邻座那个长头发的女孩，常常提起她。每次一讲到她的种种琐事时，你都可以看到他眼睛发亮，开心到藏不住笑容的样子。

他的爸妈都不忍说破，因为他们知道不经意的玩笑都可能给这年纪的孩子带来巨大的羞怒，甚至因而阻断了他人生中第一次对异性那么单纯而洁净的思慕。

双方家长在校庆时孩子们的表演场合里见了面，女孩的妈妈说女儿常常提起男孩的名字，而他们也一样有默契，从不说破。

女孩气管不好，常咳嗽感冒，老师有一天在联络簿上写说：邻座的女生感冒了，只要她一咳嗽，孩子就皱着眉头盯着她看，问他说是不是咳嗽的声音让你觉得烦？没想到孩子却说：不是，她咳得好辛苦哦，我好想替她咳！

老师最后写道：我觉得好丢脸，竟然用大人这么自私的想法去污蔑一个孩子那么善良的心意。

爸妈喜欢听他讲那女孩子点点滴滴，因为从他的描述里仿佛也看到了孩子们那么自在、无邪的互动。

"我知道为什么她写的字那么小，我写的字那么大，因为她的手好小，小到我可以把它整个包——起来哦！"

爸妈于是想着孩子们细嫩的双手紧紧握在一起的样子，以及他们当时的笑容。

"她的耳朵有长毛耶，亮晶晶的，好好玩！"

爸妈知道，那是下午的阳光照进教室，照在女孩的身上，女孩耳轮上的汗毛逆着光线于是清晰可见。孩子简单的描述中，其实有无比深情的凝视。

三年级上学期的某一天，女孩的妈妈打电话来，说他们要移民去加拿大。

"我不知道孩子们会不会有遗憾……"女孩的妈妈说，"如果有，我会觉得好罪过……"

没想到孩子的反应倒出乎他们意料之外的平淡。

有一天下课后，孩子连书包也没放就直接冲进书房，搬下世界旅游的画册便坐在地板上翻阅起来。

　　爸爸问他说：你在找什么？孩子头也不抬地说：我在找加拿大的多伦多有什么，因为××她们要搬家去那里！

　　画册没翻几页，孩子忽然就大笑起来，然后跑去客厅抓起电话打，拨号的时候还是一边忍不住地笑。之后爸爸听见他跟电话那一端的女孩说："你知道多伦多附近有什么吗？哈哈，有破布耶……真的，书上写的，你听哦……'你家那块破布是世界最大的破布'，哈哈哈……骗你的啦……它是说尼加拉瓜瀑布是世界最大的瀑布啦……哈哈哈……"

　　孩子要是有遗憾、有不舍，爸妈心里有准备，他们知道唯一能做的事叫"陪伴"。

　　后来女孩走了，孩子的日子寻常过，和那女孩相关的联结，好像只有他书桌上那张女孩的妈妈手写的英文地址。

　　寒假前一个冬阳温润的黄昏，放学的孩子从巴士下来时神情和姿态都有点奇怪。他满脸通红，眼睛发亮，右手的食指和拇指好像捏着什么无形的东西，快步地跑向在门口等候的爸爸。

　　"爸爸，她的头发耶！"孩子一走近便把右手朝爸爸的脸靠近，说，"你看，是××的头发耶！"

　　这时爸爸才清楚地看到孩子两指之间捏着的是两三根长长的发丝。

　　"我们大扫除，椅子都要翻上来……我看到木头缝里有头发……"孩子讲得既兴奋又急促，"一定是××以前夹到的，你说是不是？"

　　"你……要留下来做纪念吗？"爸爸问。

　　孩子忽然安静下来，然后用力地、不断地摇着头，但爸爸看到他的眼睛慢慢冒出不知忍了多久的眼泪。他用力地抱着爸爸的腰，把脸贴在爸爸的胸口上，忘情地号啕大哭起来，而手指依然紧捏着那几根正映着夕阳的余光、在微风里轻轻飘动的发丝。

亲爱的宝贝，世界上最好的故事和最好的文字就是这个样子的——如《思念》的样子。

妈妈说这些，和你一起读这些，是想告诉你：亲爱的孩子，世界上有一种感情，像水晶一样澄澈。它不是爱情，但和爱有关，它距离爱情，还有长长的一段距离。在这段路上，我们对一个姑娘或者一个男孩的渴慕，是青春初期的一场好雨，当春乃发生，随风潜入夜，润物细无声。好雨之后，是青春的大雨滂沱，也许，你会真正地走近爱情。

所以，亲爱的儿子，当有一天，你发现自己也喜欢上了一位姑娘的时候，一定要祝福自己：哦，像当年的爸爸妈妈一样，你的青春之船正驶向生命河流中风景最旖旎的一段。无需害怕，更不用紧张，你要好好体验，加倍珍惜。因为这位姑娘，这些姑娘，将让你青春初期的岁月，拥有非同寻常的温柔、浪漫与美。

你要告诉自己，你并没有恋爱，喜欢还不是恋爱。你只是回应生命季节生长的声音，你开始欣赏这个世界所有的美——包括姑娘们的美。入你眼的花枝招展的女孩们，乃是春天里所有美的一部分，像一棵发芽的树，像一株盛开的花，长在田野里，自然而然。你邂逅它们，为它们欢欣，为它们激动，为它们心潮澎湃，为它们辗转反侧。

如果你正经历这些时刻，妈妈希望你也能像《思念》中的那位小男孩那样，在你的故事里，有对喜欢的姑娘的深深地凝视、惦念、怜惜、关注、疼爱，也有克制、理性、忍耐……妈妈相信，上天已经把对美的态度和智慧埋在每一个人的心中，既不是肆无忌惮地无聊地八卦，也绝不是心怀罪恶的自责，而应该是自我的接纳、祝愿、梳理，还有珍重。

　　亲爱的孩子，总有一天，你会真正拥有一位姑娘，会真正走进爱情，那是你生命传奇的真正开始。妈妈今天说的，是爱情前期的一些体验，这些体验弥足珍贵，很容易被我们随意抛掷，甚至亵渎。妈妈祝愿你能够清醒地拥有这段体验。你喜欢上了一位姑娘，天朗气清，世界温柔，成长美妙无比，壮丽无比。

　　至于爱情，妈妈还有很多很多的故事，未来，再慢慢讲给你听。

妈妈

2016/2/8

孩子，放下你的手机，看看世界

亲爱的孩子：

寒假，我们回到了海南的家。冬天的南方比起雾霾深锁、冰天雪地的北方实在惬意很多，而跟亲人的团聚，是比椰风海浪更醉人的享受。在海南的每一天、每一个时刻，妈妈都睁大着眼睛，恨不得把每一瞬间都牢牢抓住，无限延长，永远镌刻在心里。

可惜，儿子，你看到的，大概比妈妈少很多。

你看不到，或者不太愿意去看，因为，你总在看手机。

我们相约去逛街，临高的街，肯定与北京的街不一样。可是，你不去，你太忙，你要看手机。

在街上，我们看到了很多"奇景"。我们看到海南的猪很多是散放的。清瘦一些的猪快快乐乐地在人行道上散步，让我忍俊不禁想起王小波笔下的那头"特立独行的猪"。肥大的猪也自由地躺在街边晒太阳、睡懒觉，根本不搭理我们的围观。这些猪大多是黑毛猪，姨婆说黑毛猪比白毛猪好吃，在我们老家，黑毛猪简直看不到了哩。邂逅了几回自由猪之后，我恍然大悟：都说海南的猪肉好吃，特别糯、特别香，原来如此！猪若活得欢腾，其肉自然也鲜美哟！

儿子，这么可爱的猪，可惜，你没有看到。因为，你总在看手机。

我们还在临高的街上邂逅了牛群。牛儿们都低眉颔首，很低调柔顺的样子。走在最前边的，显然是群牛之首。它带领着一大群牛，穿街过巷，知道走斑马线，知道回避车流，好像还懂得红绿灯。大中小各式牛十几头，构成了一个阵容不小的牛群。牛群和车流相安无事，简直是奇观嘛！我、姨婆姨公，还在夜幕中长久地目送过一头大母牛——它没有跟着牛群拐进小巷子里，而是一直独行在大马路的中线上。各种车呼啸着在它旁边川流不息，看得我们心惊肉跳，但它就那么低着头淡定地走，似乎毫不紧张。我们担心它是脱群迷了路，于是一直目送它消失在视线里，那真是温暖的画面啊。

可惜了，儿子，你没有看到这么有趣美好的场面。你太忙了，你总在看手机。

我们在临高角的海边看渔人乘着一只窄窄的木头筏子出海打鱼。一会儿，一条像巨大海龟一般的鱼就落网了。这条鱼无鳞，有着宽宽的裙边，摆在沙滩上像一支硕大的鱼风筝。所有人都跑过来看这珍奇物件，我们像过节一样跑来跑去跳着笑着指指点点，似乎鱼是我们打上来的那般。

可惜了，儿子，你没有看到。你总在看手机。

兴隆热带植物园里有许多令人匪夷所思的树和花，长得奇形怪状，我们也看得目瞪口呆；天涯海角的落日简直美呆了，随手一拍，便是明信片上那种绝世名画的效果；我们在大东海吃榴莲，第一嘴我就被呛住了，然后姨公像战士冲锋一样把剩下的榴莲全吃下去了，看到他那欲言又止的表情，我们的肚子都笑爆了。在小区附近的池塘里，爸爸和姨公还钓到了5斤重的大鱼，拥在怀里抱回家，像抱着一个大娃娃，为此我们都乐疯了。爸爸去骑行，考虑到要伺候瘫痪的奶奶，所以这次只骑到海口和琼中，路上遇到了东北长春来的骑行者，于是引为知己，豪饮三大杯。而在三亚的高108米的南海大观音像面前，我们都被震撼了，我们颔首低眉，发自内心的虔诚让我们内心拥有了美妙的安宁和顺……

可惜了，儿子，这些你都没有看到。你太忙了，你总在看手机。

亲爱的孩子，不知道你看到没有，我们回家后，姨公姨婆是怎么"伺候"我们的。家里纤尘不染，每一个角落，甚至床底下都经得起检验。我们的鞋子又一次得到最高礼遇，连鞋底都刷得干干净净。特别是你的球鞋，一进门就被姨婆里里外外洗了个遍，还用了漂白剂，让鞋面恢复了本色。最后，又用暖鞋器暖好，穿好鞋带，送到你跟前，好像你还是当年那个牙牙学语的小男孩。每天我们起床，姨婆都把精心按比例兑好的蜂糖水送到我们手上，而早已打好的新鲜核桃豆浆，让屋子里暖洋洋甜蜜蜜的。整个寒假，我们过的都是"公子王孙"的生活，衣来伸手，饭来张口，而且，心安理得啊……

亲爱的孩子，我知道，很多细节你都没有看到。因为，你总在看手机。

亲爱的孩子，在这个允许懒散的假期里，你看到妈妈的生活状态了吗？妈妈有一个寒假计划：好好陪伴老人，好好休息，好好读书，好好写作，好好锻炼身体……

妈妈几乎完美地完成了这个计划。

妈妈陪伴姨公姨婆去了儋州、兴隆、三亚、临高角，陪伴他们去电影院看了三场电影，逛了无数次超市、菜市场、大街，几乎天天去向爷爷奶奶请安……

妈妈坚持跑步。我们住18楼，妈妈几乎天天都走的楼梯，而没有乘坐电梯。

妈妈一个寒假，重点读了5本书，特别是潘知常的《头顶的星空》，我反反复复读了三遍。

妈妈完成了因平日太忙而无法完成的工作。我完成了对5个教学实录的整理，为朋友写了2篇序言，5篇博文。最自豪的是，把《中学语文教学参考》2017年全年"青春语文"的专栏稿初稿写到了第七期，而《创新作文》和《快乐作文》的专栏稿，写到了第六期。妈妈还整理出了《听王君评课》的新书初稿……这些事情的意义在于，等到开学，妈妈就会比较从容，因为妈妈已经走到时间的前面去了。

可惜，亲爱的孩子，这些，也许你都没有看到。因为，你总比妈妈还忙，你总在看手机。

孩子，放下手机，看看这个世界：那些风景，那些爱，那些坚持和奋斗。

手机里的世界当然是丰富多彩的，但现在很多人，一不小心，便成了手机的奴隶。不是他们在用手机，而是手机在用他们。

他们被手机消费，被手机绑架。手机里的虚拟世界成为他们的栖息世界。

古语说"玩物丧志"。妈妈想，把大把大把的时间透支进手机，而忽略了生活中的爱与美，是不是也是一种令人惋惜的"玩物丧志"呢？

手机是个好东西，但如果被它纠缠，遭它控制，那就过犹不及，好东西也变了质。

孩子，放下手机，多看看这个世界！

妈妈

2017/2/15

马拉松，我来了

亲爱的孩子：

今天是妈妈的节日。我要跟你分享这份隆重的快乐。因为今天，妈妈圆满地完成了一个梦：正式参加了第 18 届公园半程马拉松公开赛。

妈妈是爱跑步的，这你知道。在家里，妈妈的锻炼习惯维持得最好。妈妈的行动方式是：能坐公交就绝不打车，能走路就绝不坐车，能跑步就绝不走路。

所以，跟爸爸和其他同龄的叔叔阿姨比较起来，妈妈的体型和形象保持得是稍显年轻一些的。

爱跑步、爱走路的人，一天两天看不出来，但十年八年来看，区别还是很大的。体育锻炼，才是保持年轻的秘诀。

跑半马和全马，是妈妈的理想。平时偶尔也跟跑团的朋友们跑半马，但都只是"业余"地跑。我的理想是，能够正式地在市级赛事上跑一回。当然不是为了夺奖，而是想体验和享受那种跑步所带来的仪式化的美感。

半程马拉松比赛，全程马拉松比赛，都是在为跑步命名，为生活命名。

平凡的生活，需要这样的崇高和庄严。

所以，寒假在海南的时候，一眼在微信上看到报名通知，妈妈就"警惕"起来，立志要报名成功。我在第一时间下载了相关应用程序（APP），"严阵以待"。

后来我发现这样的"严阵以待"是对的。800个比赛名额，几乎一瞬间就被抢光了。妈妈有一个群，叫"健康跑起来"。在妈妈的宣传下，好些朋友也想报，但稍一犹豫，一耽搁，就都没有报上。

儿子你看，平时一说跑步，你们就叫苦连天，但事实上，有太多的人，像妈妈一样，迷恋着跑步。你恐惧着的生活，却是人家向往着的生活。这是多么有趣的现象。

所以，你不喜欢一样东西，有意识逃避一样东西，未必是这样东西不好，可能是因为，你还未了解这样东西，你不懂得它的好。

对于跑步，16岁以前，妈妈也觉得要爱上它简直是天方夜谭。而16岁以后，妈妈却成了长跑的终身爱好者。你说，生命神奇不神奇？人的成长，是不是有太多无法预测的可能？

所以，我们一定要对生命永葆好奇之心，对自我的成长永葆好奇之心。谁知道，下一年，下一个五年，下一个十年，会发生些什么呢？

报名成功那天，妈妈又唱又跳，又闹又嚷，像个孩子一样在家里狠狠地抒情了一番，搞得家人"侧目"，但妈妈的快乐是真的。人生实在太短暂，一个理想的实现，往往会因为稍一疏忽，就错过了时机。我们一推再推，然后就衰老了、迷失了。很多梦，就永远被埋葬在了已经逝去的青年时代。

妈妈这次参跑，已经算是"高龄"队员了。如果再耽搁，说不定，真的就没有那个劲儿了。

妈妈觉得这回自己真勇敢，真爽利，真有决断精神。

报名成功后，妈妈并没有刻意去训练。"赛"不是我的目标，没有跟人比的想法，一切都很轻松，我要比的，只有自己。妈妈的目标是：

第一，在"关门"之前，跑完这21公里，拿到奖牌。

第二，坚持以"跑"的姿态跑完。中途不停下来走。一次都不要停下来。

寒假，妈妈只是注意了保持体力，保证作息时间比较健康，不熬夜，坚持早起和傍晚慢跑。每天步行在15 000步左右。只多加了一项运动，那就是爬楼梯。我们住顶楼18楼，妈妈天天18楼爬几回，没有机会也创造机会爬，感觉很轻松，每次都是一不小心就爬过了，爬到了天楼上。天楼上天风浩荡，抬头常有满天星星。我站在天楼上喘喘气，背上微微汗湿了，心脏咚咚咚地跳动，很有力量，让我觉得自己还那么年轻，那么富有朝气。

第18届北京市公园半程马拉松赛在2月25号举行，地点是奥林匹克公园。

24号晚上，妈妈开始兴奋起来。在爸爸的帮助下，开始准备各种跑步装备。这回妈妈跑半马，爸爸表现得真温柔。全程指导，全程陪伴，全程摄影。爸爸好优秀！40岁以后，爸爸终于成长为了一个真正懂得爱的男人了！

25号一大早，我们坐地铁，来到了奥体南门。一出地铁站，半马的气氛已经很浓郁了。从这个站下的人，几乎个个都装备齐全，看鞋，看衣服，便知都是"跑友"，迎面都莞尔点头示意。

地铁站里，已经有好几个"跑团"在做集体准备运动。白色的、整齐的服装，靠墙的各式旗帜，热烈烈的运动口号，展示着他们的专业。我是新手，看着一切都很新奇，都很振奋。

此刻，周末的北京城，还在半酣睡之中，将醒未醒，而一群热爱运动的人，已经行动起来了。他们让这个古老的城市，充满了朝气。

今天真是个难得的好天气。天蓝得耀眼，阳光正盛大地铺展过来，没有一丝雾霾。云淡天高，让人的心，也轻快得很。奥体南门口，半马的各种比赛设施已经到位，检录的、存包的、供水的……井井有条，热热烈烈。我像个一年级的新生，好奇地睁大眼睛，观察着一切。检录进了发枪赛场后，我发现这个比赛真是安排得严谨。赛前快递过来的各种"装备"，都非常好地发挥了作用，让八百人参加的比赛，分类、存包，各种工作，秩序井然。

主席台上主持人开始发言了，接着是准备运动。我跟着大家一起做，热血开始沸腾，心跳开始加速。我请一位看起来很健硕的兄弟给我照个相，他说："小姑娘，你是第一次参赛吧？别紧张，慢慢跑，一定跑得完的。"我没好意思跟他解释，我不是"小姑娘"，我是"老大妈"，可能年龄比他大很多。我只说："嗯，一定跑完！一定！"然后我们几个挨得近的、素不相识的人击掌互相鼓励。那场面，真是让我幸福得想流泪。

儿子，参加这样的比赛，就是体验这样美好的气氛。因为同样的爱好，陌生人成为朋友。人与人之间的关系，因为一场比赛而被迅速拉近。

大家不是对手，而是心灵相通的朋友。我们知道，喜欢长跑的人，灵魂的一部分一定是相似的。

那时，妈妈仅穿着一件单薄的跑步衫，但站在北京冬末的艳阳下，一点儿也不觉得冷。我还知道，阳光照在我的脸上，我一定是前所未有的神采飞扬。

9点钟，枪声响起。我们开跑。

真开跑了，那一点点本就不多的紧张瞬间也没有了。

跑步吧！跑步吧！跑步吧！在天空下奔跑，在阳光下奔跑。跑步吧！跑步吧！

一切都变得那么简单，那么纯粹。

行人很少，都是跑者。

每一个跑步的生命，都那么好看！

平时的烦杂，日常的庸俗，都没有了。每一个跑步的生命，都自有一种开朗和通透。

每一个愿意选择跑21公里的人，对生活，对生命，都自有一种深情和钟爱。

前6公里，轻松得像在飞。自己的呼吸，和跑友们的呼吸，都匀称平和，我们都似武林高手。

跑到10公里，渐渐觉得身体沉重，但心脏并不觉得难受。只觉得胸下有微微的疼痛，是那种肌肉运动起来的疼痛。我早已像迎接贵宾一样迎接这样的疼痛。它们不是颈椎和肩椎常常号叫的压抑痛，那种面对电脑长坐带来的痛与跑起来的痛完全不一样。你似乎可以感觉到，奔跑的时候，肌肉和骨骼都在欢笑，它们终于被解放，终于可以奔出身体的牢笼，这是一种真正的"痛快"，因痛而快乐。

公园的行人越来越多，阳光越来越明亮。但毕竟是冬天的缘故，居然一点儿都不热。我穿梭在行人中奔跑，听着他们不断地啧啧惊叹，便也感觉自己是个英雄。

冬末的奥体还没有绿色，只有几处玉兰花的花苞，已经含苞待放。冰面积雪初融，银光灿灿。

春天，正在款款而来。而我们，似乎是奔跑着去迎接她的使者。

我觉得艰难的，是在15公里之后。

上坡的时候，渐渐觉得有些步履蹒跚。腿，有些提不起来，但心脏还是不太累，除了胸下和小腿有疼痛感外，其他身体部位，都正常。最好的是膝盖，没有任何反应。

于是我叮嘱自己慢下来，再慢下来。身旁不断有超过去的跑友。过一个，便叫一声"加油"。

当时我想，真好啊，中年之后的奔跑，不再有名次之争，真是轻松惬意。

最后 2 公里，真的要跑不动了，连喝补给饮料的力气都没有了。有一个补给站的老爷爷很慈祥，像唱京剧式地唱道：喝一口，跑得快！喝一口，跑得快！闺女，喝一口吧！

我忍俊不禁，努力喝了一口。那是很甜很甜的姜糖水，很好喝。

最后 1 公里，完全没有力气了，周围的跑友们很多都在走了。我也想停下来歇歇，但最后还是忍住了。歇下来也累，慢跑也累，那就不歇，争取完成自己的第二个目标。

这简直是妈妈最得意之处，咱这个中年老大妈，最终一次都没有停下来过。

唯一遗憾的是没有熟识的同伴。前几回跑半马，跑到最后也是不行了，但因为同伴熟悉，有人带跑，不管如何累，最后几百米，妈妈都是能够冲刺的。

但这回一个人，显然冲刺不起来。

一个人可能走得很快，而一群人，才能走得远啊！

最后 100 米，在爸爸的欢呼声中，妈妈几乎是爬到终点的。

大门依旧敞开，冲刺点欢呼声如雷。

妈妈成功了。半马 12 点关门，妈妈几乎提前半个小时到达了终点。

据说获得第一名的小伙子只用了 1 个小时多一点的时间，而妈妈，用了比他两倍还多的时间，但这又有什么关系呢？我们毕竟都抵达了同样一个终点。

对生命而言，早一个小时，晚一个小时到达，没有什么本质的不同。

关键是抵达，自己的抵达！

冲刺之后，迎上来的便是金灿灿的奖牌。妈妈的各式获奖证书可谓多矣，但是，这个奖牌意义非凡啊。我戴着，舍不得取下来，到处走，出了奥体都舍不得摘，引来了爸爸的不断嘲笑。

儿子，最让我自豪的是，妈妈不仅实现了两个目标，成功完赛，而且，冲刺之后，几分钟就恢复了原状，身体和心脏都没有很劳累的感觉。右脚有点儿小抽筋，做了拉伸马上就好了。然后，我和爸爸手牵手在阳光下的奥体闲逛，似乎刚刚不曾参加过什么 21 公里的长跑。

而且一跑完，马上就怀念起跑的感觉了。那种累，那种疲惫，都让人痴迷。那是一种完全不一样的活法，那是一场生命的美梦，越累，越幸福。

跑完的第一个感觉就是：跑全马，这辈子一定要跑一回全马！

亲爱的儿子，这就是妈妈这回跑半马的感觉，简单地写了写，向你做一个汇报。我特别想向你表达的，是参加这次"比赛"前后妈妈的兴奋和幸福感。

不管哪个年龄，你都可以奔跑。

选择一项艰难的运动。因为艰难，它会带给你更深层次的幸福。

用不着把别人当对手。其实除了自己，这个世界上没有对手。

终点就在那里。人家早一点儿到达，我们晚一点儿到达，一点关系都没有。

不怕慢，只怕站。

在路上的感觉很好，真好！

赶快生活，赶快去体验更多，拥抱更多！

妈妈
2017/2/26

让我们做一棵仙人掌吧

——新学期祝语

亲爱的孩子：

又开学了，生活即将进入忙碌与紧张的状态，各种挑战和压力都会纷至沓来。做母亲的，总是希望自己的孩子能够在所有的挑战面前从容，在所有的压力下沉稳。如果要给你一点儿祝福的话，那就是：好孩子，新学期，让我们一起做一棵仙人掌吧。

这是这段时间妈妈学养花的感慨。

家里最会养花的人是姨婆。姨婆人美手巧，就是一盆野草，姨婆也能伺弄得像花儿一样美。养花于姨婆，像美人翻云弄巧，动动手就是一番好风景。

每一项技能都是需要学习的，在这方面妈妈就笨得可笑。从小到大，妈妈都是属于那种会把大葱养死的人，所以，一直不敢养花，但今年，在平时买菜的地方，就有一个摊位是专门卖花的。一盆盆花开得恣肆喧闹，实在惹人爱。我忽然来了兴致，横下心来买了几盆回家。心想，试一试，就再试一试吧。

买了些啥呢？你知道的：一盆君子兰、一盆水仙、一盆金枝玉叶、一盆九里香、一盆虹之玉。后来，晓东叔叔、凤云阿姨他们来玩，还送了一盆仙客来。买花的时候，我顺便问了一句：儿子，你喜欢啥？你朗声答道：仙人掌。于是，就给你买了一盆小小的仙人掌。

家里的花，一共就是这七盆了。

想想花儿们到了我这不会养花的人手里，真是命运多舛啊。

虽然卖花的老伯殷勤而细致地回答了我诸多关于养花的问题；虽然我也谦逊地拿出手机记事簿对各个要点，特别是对浇水的要点进行了详细记录；虽然我一回家便上网查资料把君子兰等几种花的养殖方法仔仔细细学习了一遍，但一到实践中，还是灰头土脸。

最先遭殃的是仙客来。仙客来到我家的时候，开得热烈奔放，好看得像假花一样。凤云妹妹叮嘱我，她家的仙客来纯粹是浇水浇死的。这花喜干，浇水要慎重。我严肃地点头，铭记在心。瞪大眼睛数着日子浇水，很怕把这宝贝溺死了，但终于还是出事了。

一次浇花，我观察着这仙客来，花儿美丽，但叶子有些脏。我琢磨着，如果叶子不蒙尘的话，会更漂亮。于是浇水的时候，我便多了心思，从上往下浇，让水轻轻地冲洗叶子和茎秆，这不就给仙客来温柔地洗了个澡吗？

可是这澡洗下来，没两天，花儿就成颓态了，一天天地蔫下去，像身体走下坡路的老人，拦都拦不住。我急得要死，束手无策，就这样眼睁睁地看着这盆花莫名其妙地香消玉殒了。

再到网上一查，才发现我犯了大忌：给仙客来浇水，最忌讳就是把水浇到叶子和茎秆上。我辛辛苦苦满怀爱心地干了一件大傻事，我把我的花儿"洗"

死了啊!

无知真是害死人!

我垂头丧气地对着花儿忏悔了一番，骂自己的同时，也怨了一句仙客来：宝贝儿啊，你咋就这么娇嫩，洗个淋浴都受不起呢?

最让我沮丧的还不是仙客来，而是那盆水仙。

水仙刚到家时，亭亭玉立，婀娜多姿，含苞欲放，买花买得正当时，实在是人生美事。我的万千宠爱在它一身，天天含情脉脉一腔温情，凝视她，抚摸她，跟她聊天，赞她美丽。花儿有知有觉，便也含羞次第开放，不热烈，但开得矜持典雅，颇为端庄。我越看越喜，恨不得册封她为花中皇后，保她一世美丽。

一天晚上，跟这花儿缠绵，心中怜爱万千，柔情爆棚，兴起，遂取日间备好的温度适宜的浇花水，多赐了些甘霖给这水仙。我想，水中仙子水中仙子，水若充足，仙子更美。花儿有意，我有情，她定能明白我对她的无比宠爱之情。

那晚上，我一夜好梦，梦中水仙仙姿玉质，对我亦含情脉脉。

第二天起床，却发现大事不好。水仙一夜疯长，植株居然比前一天高出三分之一。于是花儿不堪重负了，深深地弯下腰来，甚而部分花叶重得跌倒在了桌上。一片狼藉，甚是尴尬。

我大惊失色，连忙挽救。先用绿绳捆缚，再用高瓶扶持，移至墙边倚靠，最后实在没有办法只好硬下心肠修剪冗枝，保主干健康……虽然法子想了不少，但这株水仙还是风华渐失，慢慢颓废了去。

后来我请教姨婆，姨婆说，水仙虽然姓"水"，但一定要控水，特别是晚上。你一时兴起，贸然爆发性给水，水仙失掉生长的节奏，狂生乱长，这花儿就毁了。

我才知道，还是我爱得太多，害了我的水仙。

养花是科学，我这个科盲，是养不好花的。我一边服气，一边也感叹花儿像人一样难伺候。爱多爱少都不行，这尺寸把握起来难啊！

其他几盆花，现在看来也是岌岌可危。

寒假要回乡，一走一二十天，这咋办？不浇水，不关注，这花儿不渴死也得寂寞死。我愁得要命，北京又没个近处的亲戚，可以把花儿托付。焦虑了一阵，也还是只能临走前浇够了水，任花儿们自生自灭了。

离京期间，想着我的花儿独守空房，饥渴难耐，叫天天不应，叫地地不灵，内心便真是凄惶，好像自己是有罪的人。

终于回京，进门第一件事就是看花。哎呀，君子兰、金枝玉叶、九里香已经愁眉苦脸，奄奄一息。那盆虹之玉还尚有点儿精神，无甚明显颓态，似乎还隐隐长高了一截。肥绿的叶已经冲出了盆，像举着一张微型的帆，有点儿小小的得意。

再看你窗台上被窗帘挡住的仙人掌，我眼前突然一亮。

在一片惨淡之中，这仙人掌，依旧饱满、鲜绿，安安静静，跟我们走时一模一样。不忧不虑，不焦不躁，和我们静默相视，莞尔一笑。那神态，甚是平静，似乎在说：主人，欢迎回家，你不在，我也很好。

那一刻，我竟然有些感动。我想，如果要选"家花"，我们就定这盆仙人掌吧。

儿子，这是妈妈养花的故事，你也都天天看着的。生活中发生的每一件事，其实都很有趣。我们稍微多多琢磨一点点，就会有意想不到的收获。很多知识，不在书本里，不在课堂上，就在我们的身边。

妈妈以前想过这个问题：如果要为花代言，我愿意成为什么花？过去的我选择是粉籽花。少年时代住綦江二居下北街的时候，最浪漫的一段，是家家户户都在门口垒一座花台。其实很简陋，就是用一些废砖和石头圈一小块地，到河坝担些土进去，便成了"私家花园"。这花园子或两三平方米，或三四平方米，却是妈妈小时候的乐土。当年不是"种花"，而是花自己种自己。最惹人爱的是那种粉籽花，比牵牛花小若干个型号。随便撒把花籽进去，便热热闹闹地长起来了，根本不用伺弄，也是见阳光便长，见雨水就长。大风一刮，暴雨一淋，往往就受伤厉害，但第二天、第三天，又一身绿色，活泼泼地站在那里。开花也开得荡气回肠，满枝满叶地全是。早晨盛开，晚上便蔫了，但神奇的是第二天一大早又是一轮泼泼辣辣地盛开，一轮又一轮，一个夏天都不曾停歇。一条市井贫民居住的小街，大家都穷，生活难免捉襟见肘，但每个夏天粉籽花的花海，让小街洋溢在丰收的喜悦当中，每个人，都欢畅得很，喜悦得很呢。这花儿，秋冬季节一到，便偃旗息鼓安静下来，但第二年夏天，又风风火火地长起来，不开花誓不罢休的样子，把一条街又一次带向了繁华。

妈妈曾经希望：自己的生命也能够像这粉籽花，很普通，很大众，该歇的时候歇，该长的时候长，每一年都热热烈烈地灿烂一回，开得生命一片红火。

但孩子，这次种花的经历却让我领悟：仙人掌比之于粉籽花，更有一种可敬的素养。活得像仙人掌，更是一种境界、一种风度呢！

我们可以跟它一样，在生命的初期，在漫长的生命旅程中，都长得不像花的样子。水仙多么娉婷，玉兰何等婀娜……只有仙人掌，枝不是枝，叶不像叶，它似乎是瘠薄且简陋的。我们所说的"姹紫嫣红"这些词语，似乎跟它毫无关系，但是，它在成长。

它索取得最少，不娇嫩，不讲究。十天半月，甚至几个月不给它一滴水，它也无怨无忧，继续成长。

它是最不把人家的关注当成一回事的花。它总在角落里，耐得住寂寞，甚至喜欢这寂寞。在这寂寞中，它依旧成长。

它长得很慢很慢，甚至几个月也看不出有什么变化，但它真的在成长。

当雨露不够的时候、爱不够的时候，其他的花儿都死掉了，只有它，还在成长。

大多数人的生命，其实很多时候，都像仙人掌：不够美丽，不被关注，不被重视，吸引不来太多的目光、太多的资源。在万花丛中，很容易被遗忘。平凡和寂寞，是与生俱来的宿命……哪个生命不经历这样的时光呢？

可是这样的花，没有雨露也能兀自悄悄成长，没有爱也依旧拥有生命活力。它懂得保存力量，懂得自我珍重。在生命的绝境里，它永不绝望。

儿子，你让妈妈给你买一盆仙人掌，是不是你早就领悟了它对于我们成长的非凡的启示意义呢？

比之水仙，仙人掌才是真正的"仙"啊！只有在最艰难、最寂寞的环境中也不放弃成长的倔强、顽强的生命才可爱可敬。

新的一年来到了，新的学期来到了，我们就把仙人掌精神作为我们这个小家庭的精神吧！

妈妈

2016/2/20

正楷练习是正念的禅修

亲爱的孩子：

这几天妈妈特别开心，像个小姑娘，走路都像在飞。

为什么？

不是获大奖了，不是出版新书了，也不是发表文章了，更不是又讲了什么新课了……这一类的荣誉，已经不能让妈妈特别开心了。

妈妈开心的是：这几天，妈妈好像终于发现了自己这一年变化很大的原因。

孩子，这一年，你发现妈妈的变化了吗？

你是不是也觉得妈妈更温柔了，更平和了，情绪更稳定了，状态更喜悦了？

我自己是能够清清楚楚感觉到的。

那种状态就是：你总在欢喜中，总在惊喜中；你对自己的情绪有了清醒的觉知，你能掌握自己情绪的升起和落下了；你不再是情绪的奴隶，对自己的欢欣悲喜，你"大权在握"，掌控自如。

说得更具体一些，就是那个叫"幸福"的东西，已经乖乖地驻扎在了你的生命中，不想走了。

孩子，你知道这种感觉有多神奇、多美妙吗？

这些变化的发生，大概有很多原因，今天我的领悟是：妈妈近一年来认真练习正楷字，是重要的原因之一。

这段时间，总有朋友夸奖妈妈的字进步了。连妈妈的老师七槐子先生都在网上狐疑地问：这是你的字？

当然是我的字啦！当然是啦！

真是特别神奇啊：之前，我还有些怀疑，练字练了一年了，似乎没有什么变化，进步也看不出来。

怎么突然一下子，就这几天的工夫，我自己，包括朋友们，都觉察到我进步了呢？

儿子，你能理解那种感觉吗？就像你想长高，你坚持锻炼，你合理膳食，你认认真真地对待每一天，但个子似乎就是没有啥变化，但在某一个清晨，你醒来豁然发现：哇，真长高了呢，还长了挺高一截呢！

小时候学哲学，老师谈到"量变到质变"，说量变积累到一定程度，质变自然而然就会发生。

哇，就是这种感觉。太有意思了！

所以，妈妈今天想跟你汇报一下练字的心得。

妈妈练字，并不完全是因为字写得不好。

其实练字之前，大家也说我的字写得不错。

这不算假话，妈妈写字，属于潇洒狂放一类。乍一看，舒展、遒劲、生机畅达，有那么一点点自由奔放之美，整体效果可以蒙人，但妈妈知道自己的缺陷：妈妈没有基本功，没有正儿八经练过字。妈妈是个"粗人"，写出来的字便也是"粗字"。整体远观可看，真要一个字一个字地琢磨，那应该会惨不忍睹。

就像什么呢？就像没有内功的练武者，花拳绣腿可以比画几下，一来真的，立马败下阵来。

这两年带小五小六的孩子，尴尬甚多。小朋友们经常识不了妈妈的字体，总是可怜巴巴地问：老师，你写的是什么呀？

每次都问得我脸红心虚，惭愧无比。

我也不敢写板书，龙飞凤舞写惯了，偌大一个黑板，也装不下我几个字。而且，黑板简直就是一个放大镜，把我书写的缺点全部暴露，真是狼狈啊！

早就想练字了，但每次都半途而废。妈妈算是很有恒心的人，但在练字上，一直失败。

这回又起心练字，是因为遇到了晓东师父。

晓东是一位语文老师，追上门来要做妈妈的徒弟，跟妈妈学习讲课当班主任。我拗不过，只好收下了他。结果一接触，发现这个徒弟有两个优点：一是普通话好，二是书法好。于是干脆"反拜"了师父，请他教我说普通话和写字。

这个师父很热心，也很负责。他替我选了司马彦的字帖，为我制订了练习计划，希望我每天练十分钟——如果坚持得好，就发个小小红包以资鼓励。要是几天没有上传作业了，这个师父也有"收拾"妈妈的办法——发个小红包过来，上面写着"表扬师父坚持练习书法"。妈妈是响鼓，轻轻一敲就懂了。于是连忙重整旗鼓，坚持练下去。

这一轮的练字之旅，妈妈很虔诚，像个小学生。

开头还想走捷径，练行楷。晓东师父的行楷写得特别好看，我很眼馋，恨不得练一阵就赶上他，但没有练多久就投降了。我意识到，如果没有正楷的基本功就开始写行楷，相当于没有学会走就开始练跑，根本是痴人说梦。

练正楷、练正楷！从正楷开始，把书法之路老老实实走一遍！这个声音呼唤着我，引诱着我。妈妈人到中年，眼看奔五了，人生已经是下半辈子了，早已学会处变不惊，但这回这个声音，异常强大，异常热烈，句句惊心。

有些路，你不走一回，便不会心安。

正楷之路，或许就是这样的路吧！

我被这个呼唤收服了，我谦恭礼敬，端目敛眉，回到起点。一个中年妇女，从描红一点一横一撇一捺开始，从头学习写字。

这回的"学习"，是自愿，是自发，是自觉，因为发自内心，所以，一开始就显示出了非同寻常的意义。

妈妈的 2015 年，因为练习正楷字而有了特别的滋味。

我真正的收获，不是写字有了一点点小进步，而是在其他方面有了更多的领悟。

"横平竖直"前所未有地魅惑着我。

我用了很多很多的时间，来练习最基本的笔画，想把横写平，想把竖写直，但最简单的，也是最难的。

我的"横"和"竖"的问题，是常常"虚空"。短横和短竖，我还勉强能写好，但长横和长竖，就好像中气不足，稍一犹豫，"横"的中部和"竖"的尾部，便轻飘无力，辗转沉浮。一个字，横不平，竖不直，便如人之脊柱受屈，腰椎异化，疲软之形顿现。

妈妈边写边叹：做人之基本原则，该是端方挺拔吧，但天地红尘，又是最让人倦怠委顿之地。本想做个顶天立地的好人，但走了大半辈子，回首反思，发现挺不直腰板，抬不起胸膛的时候，还是有很多很多。

做人如写字，太过放松，不再精进，便被轻飘无力感捆缚，日子失去分量，过得那叫惶恐，那叫窝囊！

于是，我边练字边自嘱：且把人生大道先走好。该平则平，该直就直，以最初之心，做永远之事；坚守选择，善始善终，不要畏首畏尾；有点儿气魄，有点儿胸怀。正道之上无需狐疑，苍天之下不必犹豫。做人坦坦荡荡方方正正了，写字才会横平竖直吧。

正楷的好处，是一笔一画都清清楚楚，不能含糊，不可马虎。

一个好看的字，少则一二笔画，多则几十笔画，拆开来，不过是一堆精致的零部件。虽说不复杂，但要让写字人用笔重新组装，却千难万难。

笔画少的字，总觉空阔。素和简，从来都是顶级修为的人才能够驾驭。

笔画多的字，又觉窄紧。繁和难，简直就是人生永远的困境。

每一个正楷字，都堂堂正正，眉清目秀，自我得很，骄傲得很。一个笔画安不对地方，便鼻塌眼歪，立即变得面目可憎；几个笔画如果统筹不佳，便肚瘪背驼，瞬间成了歪瓜裂枣。

你哪里是在写字？往小了看，你是在塑造生命；往大了看，你是在创造世界。一行一行的字写下来，一个笔画一个笔画安排下来，你便慢慢懂得了什么是"你呼我应"，什么是"互相成全"，什么是"自有进退"……

正楷字好看，不是字本身好看，而是因为你有了能力让自己的世界圆融又和谐，挺拔又庄严。

你的字，是你的世界的一部分。

写着写着，我发现自己爱上了"静"，爱上了"慢"，爱上了"庄严平和"这个词语。

我以前写字，随心所欲。我的字就是我的情绪：一会儿让这个字哭，一会儿让那个字笑，一会儿这个字豪气冲天了，一会儿那个字又倦怠疲惫了。我外向，我内敛；我奔放，我宁静……我想怎么样就怎么样——我自诩活得生动，活得自然，但写正楷字，你必须凝神静气——正楷字从来不是妖精，不是飞天，正楷字是端坐的菩萨，华妙庄严，气度非凡。

你必须安静，必须缓慢。静下来，慢下来，你才能感受到正楷字的笔画间气韵的流动，你才能与运笔的一顿一折和生命的一呼一吸在同一频道，你须从容得好像在面壁，在参禅。

时间几乎停顿，世界一片安宁。你不仅心如止水，而且似乎感觉自己平常妙曼轻灵的身体，也在向下、向下，你渐渐和大地融为一体……

你有了分量，有了方向。

这一年来，读《正念的奇迹》，读《佛陀的证悟》，总是似懂非懂。在练正楷字时，许多疑问，却突然有了答案。

哦，儿子，这就是妈妈最想告诉你的感觉。我忽然领悟到了我为什么能够迷上正楷，那是因为，我这样一个多少有些顽劣的天不怕地不怕的生命，其实一直在等待着这样的一次修行——"修"掉我的粗枝大叶，"修"掉我的固执僵化，"修"掉我的散乱混杂，"修"掉我的自以为是……

练习正楷，是我必须要走的道路。

正楷之路，让我慢慢学会收敛，学会放弃。

那追求横平竖直的十几分钟，于我而言，是每一天的面壁，是每一天的参禅。

爱上练字，其实是爱上了这样一种日日都在禅修的生活。

练正楷字，改善的不仅是字，还是一个中年女子的心性。

我因之主动创造孤独并且享受孤独，我因之把字写得横平竖直，也把日子过得波澜不惊。

我那桀骜不驯的骨血里，加入了正楷的方正与平和，从此便多了从容，多了宁静。

我好像真正懂得了：行到水穷处，坐看云起时。

至于"宠辱不惊，看庭前花开花落；去留无意，望天空云卷云舒"，也在我把一篇篇行草气定神闲地书写为正楷的过程中，从书上的风景成为心中的风景，而当我练习了正楷之后，我再写其他字体，往日乱象横生的"我字体"，居然也有了一份端庄，一份安然。

我又突然懂了"持戒"。

佛陀说，"持戒"不是约束，而是保护。"持戒"是上天对你的加持。

如醍醐灌顶。

我这个生命，真的需要约束，需要从张牙舞爪进入凝神静气。

所以，我知道，正楷，我还将继续练下去。

不只为练字，更为修行。

亲爱的孩子，妈妈的练字故事是不是也能让你有所收获呢？

或者，来，我们一起练正楷字！

妈妈

2016/10/9

考试，是生命能够承受之重

亲爱的孩子：

今年，你初中毕业，这注定了今年是你的"考试年"。不管你未来选择哪条道路，你都必须参加很多很多的考试。

妈妈偷偷观察了你的状态，很佩服你。考得好也罢，不好也罢，你都很淡定。谈到班上的"学霸"们，你由衷地欣赏赞叹，没有一丝的嫉妒。而说到众多的如你这般的普通"学渣""学水"，你也不卑不亢，谈笑风生，依旧对未来充满了憧憬。

儿子，这让妈妈很放心。按照现在流行的说法，你的价值观很正，你知道：这只是中考而已，决定不了人生的高低。中考，从来不是生命的背水一战，跑到前边去的同学，让他们跑好了；暂时落后的我们，也依旧可以有自己的节奏。

中考，不过是漫漫人生长跑前期的很短一段。就像是妈妈跑半程马拉松的前 5 公里。在这个时间段领先的，根本不必沾沾自喜，而在这个时间段暂时落后的，也无需悲苦绝望。

路还长着呢！

关键是，找到自己的节奏，按照自己内心的愿望，一直往前走。

可以慢，但是，最好不要停。

当然，实在需要停下来歇一歇，也不是什么大不了的事儿。

诗人苏轼不是早说过了吗：此间有什么歇不得处？

这简直是人生最大最美的领悟啊，但儿子，妈妈还是想跟你聊一聊考试。年轻人的世界，很多时候是对我们大人封闭的，这是你们成长的标识。妈妈没有那么大的好奇心，妄想走进你全部的世界，但妈妈觉得有义务把我的故事讲给你听。也许，这些故事在你生命中的某个时刻，会突然被你自己的经历和体验激活，于是，你的成长，和妈妈当初的成长，重叠了，呼应了，那将是一件多么有趣的事情啊！

妈妈就讲讲我的高考故事吧。

学生时代的考试成千上万，但高考一定是最难忘的。

这篇文章，写于多年前。重新翻出来给你看，你或许能从中读到 17 岁时候的妈妈的样子和心境。那时的妈妈只比现在的你大两岁，这于你，是不是很有趣呢？

高考，生命能够承受之重

准备写学生时代的事。还没有来得及调动回忆，往事就已如潮水般在眼前涌动了，而在风口浪尖上的，依旧是 1989 年，我的高考岁月！

是，那是我为自己的生命颁发的第一个"奥斯卡"大奖。直到今天，我还常常做关于高考的梦——热泪依旧在梦中汇流成河。那是我的流金岁月，永志不忘。

进入高三那年，我16岁。一个生长在底层工人家庭的孩子，16岁的我在许多方面已经相当懂事了：我乖巧地在从不和谐的父母之间周旋，保护和照顾着有心脏病的妈妈。从11岁开始我便承担家务，买菜做饭当小管家，精打细算地为经济拮据的家庭节省每一分钱。在学校，我是老师的得力干将，是同学们的好班长……但这些并不能掩盖我依旧还是一个不谙世事的孩子的现实。当年的天真、愚蠢可谓"触目惊心"：整个高中阶段，我的学习几乎完全处于无序的状态，成绩并不理想，但我对自己的命运前途盲目乐观。好朋友常提起一件往事，说是高考前，我还一本正经地鼓励因恐惧高考而终日忧心忡忡的他，我很认真地说："我从来没有想过自己会考不上大学！"多年以后，我一想到那次谈话就羞愧得无地自容。

也许，这就是现在所说的残酷青春——青春之残酷，乃是因为年少轻狂、心高气傲而久不自知，但生活自有办法嘲笑你、教育你。1989年的高考像定时炸药一样准时爆炸。我名落孙山，这在我自己的意料之外，但是在所有老师的预料之中。当然，这是很久之后我才知道的事。

在20世纪的80年代末期，高考几乎是当时年轻人唯一的康庄大道。所以落榜，就意味着流落江湖，而当时，江湖不像现在这样，处处都是出路。

同学们几乎都上了各种录取线，个个都有书可读了，包括那个被我"谆谆教导"过"我从来没有想过我考不上大学"的同学。只有我们少数几个，突然被大部队扔下了，孤零零地被留在了一个荒岛上，没有前途，更无退路，念天地之悠悠，却只能怆然而泪下了。

也就是在那个时刻，我真正明白了"走投无路"这个成语的含义。那一年，吵吵闹闹了大半辈子的父母亲终于正式离婚。母亲寄居在外婆家，忙碌于自己尚且混乱的家庭。父亲的经济状况毫无起色也已经好几年了，他们都没有时间管我。其实从小到大我早已经习惯了这种野丫头的状态，对任何事都看得比较开，但在高考落榜的那天晚上，我却觉得自己所有的坚强全线崩溃，我没有勇气再回到那个阴暗贫穷的家了。

我不敢也不愿意回家，于是我和另外一个同学李德远，躲到了胡卫东家。我们都是落榜者，同病相怜。当时胡卫东的家还在綦江城郊的两间破旧漏雨的黄泥房子中。三个17岁的孩子突然就被早已经习惯了的校园抛了出来，生活的目标突然缺失，而那农村里常见的摇摇欲坠的黄泥房子就更装不下我们的失落和茫然了。

那个时候还不时兴借酒消愁，我们也没有钱喝酒。我只记得那个晚上饿了之后我们用白水煮了一些西红柿来吃，没有鸡蛋，也没有油。大家就这样相对无言，不知所措。天色极深的时候，我们终于疲倦得和衣而睡了。后半夜，狂风大作，我听到胡卫东家的房顶上茅草飞扬和瓦片落地的噼里啪啦声，心里空虚得一塌糊涂。

胡卫东的家早在90年代中期就已经翻修成了新房了，上下三层，底下一层是专门用来喂猪的。在西部乡村的原野中，那是很气派很风光的房子，但是，我却总也无法忘掉那个风雨大作的夜晚，那两间风雨飘摇中的小屋。就是在那个晚上，我才猛然明白在生活面前我是多么脆弱和渺小，可是我却必须要独立面对人生了。也就在那个晚上，我经历了至今我能意识到的最清晰最彻底的一次成长——而以前所有的苦难和当时的恐惧迷茫比较起来，都不值一提。

第二天我磨蹭着回到家，把成绩单给父亲看。我低着头不说话。父亲没有表情，长久后，只叹了一口气，喃喃道："语文没有考好啊！"语文是我的强项，但1989年的高考语文满分120分我只考了72分，刚刚及格。然后父亲就下楼去了，没有对我的命运做出宣判，留下我在那间没有门窗没有电的屋子里默默流泪。

父亲其实已经为我安排好了路：他要我到他当时上班的县车队去当售票员。我不敢埋怨父亲，那几年家里因为拆迁建房负债累累，后来，房子建好后没有装修我们就住进去了。房子没有窗户，没有电，甚至连墙壁都没有粉刷。父亲为了节约几毛钱的菜钱，中午步行一个小时回家吃饭。我知道父亲这样安排实在也是因为家里太艰难了。

"不！"但是我坚定地回绝了父亲。"我要复读！"我只能用很不理直气壮的声音嗫嚅着，然后在父亲惊诧的目光中逃出了家门。那个夏天，我去得最多的地方是家对面的六角亭，我常常坐在亭子的最高一层，呆呆地望着脚下的整个綦江城，陷入无边无际的混乱的狂想。

补习费现在想来不算贵，但在当时，对很多农村家庭和普通工人家庭而言，学费和生活费加起来也是一个颇为沉重的负担。姨婆真正走进我的生活就是从那个时候开始的。在其他的文章中，我专门写过你的姨婆。在1989年的那个暑假，是姨婆的那句话"她要读就读，我给她付学费"改变了我的整个命运。1989年的9月，我成了一名高四生，插班复读。

同学们的录取通知书还在陆陆续续地来，插班生一个一个地离开。偶尔也有失落的时候，但我大体上还是平静了下来，经历了整个暑假的梦魇之后，我已经能直面我的命运了。我小心翼翼地揣着我的补习费，精打细算着每一天的生活，我心平气和地坐在90级的教室里，开始了另外一段人生。

直到现在，我也必须承认：我真正意义上的学习，是从1990年开始的。

从小到大，在老师和父母的眼中，我都是一个乖孩子，他们甚至一度以为我是一个颇为勤奋的孩子，其实那只是一种假象。我不仅不是聪明的孩子，也不是学习上很自觉的孩子。特别是高一高二阶段，我几乎全是在莫名的忙碌中度过的。那个时候，我热衷于社团活动和班级管理，完全无法静下心来学习。整个高中阶段，我的学业彻底荒废。

然而，1990年的我，像是脱胎换骨一般，完全浸入了另外一个世界。

我婉拒了一切校园社交活动，把自己的心世界封锁起来。我把对生活的欲望降到了最低，夜以继日地学习，不知疲倦地学习，非常紧张而有规律地学习。我争分夺秒地计算着把吃饭的时间控制在15分钟以内，精心计划着凌晨四点起来抢占学校的洗衣槽洗衣服，只为了能用最少的时间处理内务。我更是斤斤计较每一天的支出，比如两周只吃一次肉，千方百计省下一点点钱买书……那是一段狂热地献身于高考的日子，是精神状态最昂扬，但心灵世界最宁静的日子。学习成了生命里的唯一，我日日如坐禅入定般投入，拼搏的日子清亮明净。

这一年非常苦非常累，但那种要让分分秒秒都熠熠闪光的倔强，让1990年的每一分钟都在清贫的生活和单纯的追求中溢彩流光。当时我特别喜欢一首诗，诗已经记不全了，最后几句却经常响彻耳边：

在不眠的静夜，

回想清泉的喷发……

就是吟诵着这样的诗歌，痛苦在人的坚决奋争面前变得渺小了。

痛苦成盐，化在生活中，成为生命的钙。

有了钙的18岁，意气风发。那一年是啃着干馒头度过的，是点着煤油灯度过的，是在日复一日熬更守夜中度过的……但现在我翻看我1990年的照片，清瘦却身姿挺拔，神采飞扬。回想18岁的故事，竟然也多是甜蜜，少有苦涩。

大概是因为社会大环境，1990年的高考形势更为惨烈。我的成绩尽管在班上名列前茅，也只上了专科线，但是这并没有影响我进入大学的心情。1990年9月，我走进了大学。虽然是一所老家最次的大学，但因为有了1990年的历练，我如鱼得水，我的大学生活从一开始便与众不同——在当时大学生普遍懒怠慵懒的背景下，我坚持着以读"高四"的状态读完了大专，并且把这种状态带到了后来的学习和工作中。于是，才有了今天不算太辜负生命的我。

二十多年很快就过去了，今天，人到中年，应该更有资历对当初的生活做出评价。回顾高考落榜和复读的经历，我依旧觉得笑多于泪，甜多于苦。感谢高考，一棒让17岁的我从青春的虚幻中醒过来，逼着我清醒地面对自我。这何尝不是一种幸运啊！高考是我青春时代的炼狱，在被锤炼的过程中，我第一次看到了自己真正的成长和强大：人，可以被击倒，但绝不可以被打败。后来再读《老人与海》，那种深刻的共鸣让我激动得热泪盈眶。

感谢高考的残酷，把我从青春的虚荣和喧嚣中拯救了出来，让我回归了生命的真实和丰富。在最容易沉溺于浮华和浪漫的年龄，我被高考一掌拍到了大地上，从此不恨不怨，孜孜不倦，日出而作，日落不休。脸朝黄土背朝天是艰辛的，但是，也唯有这艰辛能把心灵的成长早早地赋予我们。从这个意义上来说，是高考的落榜成就了我。

所以，虽然高考制度还有诸多的不完善，虽然媒体的夸张和现在学子们的脆弱把高考描绘得如何如何的可怕，但我还是要说：即使你不经历"黑色七月"（现在是黑色"六月"了），你也应该经历相似的人生洗礼——这是生命能够承受之重！

若干年后，蓦然回首，你一定会对你的"黑色高三"有意味深长的评价。

也许会像我一样，永远感谢高考——感谢生命中所有的能够承受之重。

儿子，这就是妈妈的故事。

妈妈只想告诉你：

你遭遇的每一次重大的失败都可能预示着一次隆重的成长。就像微信朋友圈里的金句：上帝把有些礼物包装得特别难看，但是，它们真的是珍贵的礼物啊！

妈妈还想告诉你：

在你穿越生命的暗夜的时候，如果你足够的坚强，你将收获到的最大礼物就是心灵的澄澈和专一。排除所有干扰，深深地沉浸，默默地为一个目标奋斗的感觉好极了。

就像妈妈跑马拉松，然后感叹：有目标的生活光芒万丈！

儿子，你的中考、高考，亦是如此。

亲爱的孩子，妈妈一点都不希望你从小就一直是啥"学霸"。如果那样，你的人生太浅薄了。"学渣"啊，"学水"啊，这些名号现在似乎不好听，但拥有"学渣""学水"体验的孩子们，他们的灵魂世界往往更具柔韧度，就像曾经被考试淘汰过的妈妈一样。

是霸是仙是渣是水，在青少年时代是不大能看得出来的。不经历人生的马拉松，究竟是英雄还是孬种，亦不可能分辨。所以，孩子，你现在最应该做的，就是去拥抱你正在经历的一切。就是如你现在一样，面对所有考试，都云淡风轻，都坦然自在。

赢了，笑一笑，准备下一场。

输了，也笑一笑，准备重新考一回。

或者，换一条路走走。

儿子，比之妈妈那代人，你们现在最可放心的就是：时代发展了，条条大路通罗马，不再是自古华山一条路了。

这世界，连狗都饿不死了，何况我们人？

就算所有路都走不通，儿子，也还有一条路可以走——回家的路。

所以，面对考试，我们有了更十足的底气和霸气：

不是考试在考我们，而是我们在驾驭考试。

考而不倒是为神。

考而欢乐是为仙。

儿子，祝你越考越意气风发，越考越神采飞扬。在考试中"得道成仙"，享受成长的欢乐吧！

妈妈

2017/4/26

第三辑 ○ ○ ● ○

来自工作中的妈妈

『拒绝』被伤害

亲爱的孩子：

今天妈妈想和你聊一件事，一件非常非常有意思的事。

妈妈今天挨"骂"了。只是，这件本让我尴尬和愤怒的事情最后却成功地被妈妈变成了开心的事儿。所以，借助这件事儿，妈妈想告诉你：生活中的伤害无时无刻不在发生，所以，我们要训练自己的一种能力，就是不被伤害的能力。

妈妈在管理 2014 级创新班的时候，有一个孩子叫姚胜迪，他的妈妈特别好，特别热心。她每天坚持在班群中发一则"独新寄语"。这则寄语设计得比较有品位，不仅有当天的各种重要资讯，还有两则心灵鸡汤式的警言。姚胜迪妈妈每天坚持发，一天都没有落下。有两次她出国，他们班其他的家长就帮忙发。大家早上起来打开手机第一件事就是看姚胜迪妈妈的爱心转发，以至于逐渐养成了习惯。这个家长的个人行为，因为坚持，成了班级的一种文化。

后来姚胜迪毕业了，升入了附中，我们和姚胜迪妈妈依依惜别。妈妈开始管理2015级小六创新班。妈妈想，一位家长都能做得那么好，我作为年级的管理者，也应该向这位家长学习，学习她那为大家服务的精神，学习她的坚持，让这种"坚持服务的文化"在创新班传承下来。

于是，从2015年9月创新班开学开始，妈妈就接替姚胜迪妈妈做这件事了。后来又推广到小五班，天天坚持，一天不落。

这好像不是一件特别难的事，动动手指而已，但要坚持，就不那么容易了。有时候出差，特别特别忙，真的就忘记了，直到中午才想起，便觉得很惭愧。有时候网络不好，发不出去，也会影响转发的时间。生活中总有许多计划之外的杂事儿穿插进来影响咱们的生活，所以，妈妈能够把这样一件小事坚持下来，也是需要责任心和意志力的。

就是这么一件小事儿，家长朋友们给了我巨大的鼓励。临近毕业了，我收到太多太多家长朋友们的临别感言，有的说：毕业后可能就收不到王老师的"独新寄语"了，那真是一件令人失落和恐慌的事情啊……

我也被自己感动着，为自己能够因坚持做这么一件简单的事情而和家长们成为挚友感动。我的朋友们是多么容易满足、多么善良啊！

我越来越觉得这是一件好事情，是自己清晨向朋友们表达关爱的问候方式。有一天，我想，如果把这个也发在你们班级的班群中，不是也为你们班服务了吗？妈妈一直想为你们班做点儿什么，但一直没有找到合适的方法，这个法子不也可行吗？

于是，一个多月前，每天早上我也开始把"独新寄语"发在你们班的班群中。有不认识的家长朋友出来道谢，我便更加笃定了，觉得自己是在做一件好事。

然后，就出事了。

前天早上，一位家长忽然在你们班群里发了一条信息：

> 尹犀墨妈妈，非常喜欢您今天的这段"独新寄语"：当我真正开始爱自己，我才懂得，把自己的愿望强加于人，是多么的无礼——今天我明白了，这叫"尊重"。如果你能把那些乱七八糟的消息去掉，不干扰我们获取有价值的班级信息，就是对生活在信息爆炸时代的我们最大的尊重了，当然也是尊重您自己。

亲爱的儿子，如果你在第一时间读到这则信息，你会如何？

会不会头晕？会不会沮丧？会不会愤怒？会不会不知所措？

说实在话，在最初的那几秒，这些情绪在我的心中都有。

总之，我觉得被伤害了，被无辜地伤害了。这伤害来自误解和指责——我辛辛苦苦天天坚持为大家服务，结果……结果被人呵斥为"不尊重"。我好冤啊，好委屈啊……我手足无措了，只能躲在一边生闷气了……

儿子，这就是生活。就像德兰修女所说：无论你怎么样真心付出，还是会被人指责为自私的……

此刻，在妈妈心中一闪而过的这些思绪、这种思维方式，叫"受害者模式"。

还好，得益于这段时间有意识的训练，妈妈迅速调整了过来。所谓调整，便是由"受害者模式"切换到了"学习者模式"。

"学习者模式"就是：你迅速地站在了对方的立场上，主动地把对方还原为一个没有伤害欲望的人。你谨慎地观察当下你所面对的这件事情，客观地审视自己，在这个事件中，我学到了什么。

妈妈学到了什么呢？

哦，我明白了，原来还有家长朋友不喜欢这些资讯，而且人家的不喜欢是真的，而在这之前，因为 2014 级、2015 级创新班没有人提出异议，我就推断所有人都是喜欢这些资讯的。这样的逻辑是行不通的，应该调整。至少，在往班群里发新闻之前，应该征求一下全体家长的意见，看是不是有家长反对。如果有人反对，就应该改变方式。

其次，这位家长朋友直截了当地提出了反对意见，虽然语言表达有些不客气、有些严厉，但她能当面指出，也是一种勇气，也是一种对自己利益的维护。这样的一种坦诚，也是珍贵的。比压抑自己或者不当面指出、背后乱说，都更加珍贵。她的这种品质，值得我们学习。

亲爱的儿子，妈妈这么一想，心头就敞亮了，委屈就没有了。我赶快承认错误，我说：

> 真抱歉，真抱歉！没有想到打扰了大家。这是以前一位家长朋友坚持在班群里做的，大家都觉得很受益，所以她离开后，我就坚持下来了。本来是想为大家服务。如果都不喜欢，我马上停止，马上停止，谢谢您的直言。我很喜欢！

我刚刚道歉完，便有另外的家长出来说话了：有说喜欢我发的那些资讯的，有鼓励安慰我的，有提建议可以推荐微信公众号自主选择的……班主任也站出来说话"谢谢两位家长，都是为了班级好"。

大家都这么友好，那位呵斥我的家长态度也马上转变了，她说：

> 尹犀墨妈妈，抱歉这么直接提出来，班级家长群的设立，我想是为了方便大家及时知晓老师的通知和家长们就孩子的学习问题进

行讨论，无关的内容怕是会淹没了有效的信息。请原谅。

我连忙表态：

> 能理解的。每个班级的特质不同，需求不同。我们需要的，人家不一定需要。您若不直言，做的人白辛苦了还不知打扰了别人。这是一件有意思的事情，我很受教育。谢谢，谢谢！己所欲，亦勿施于人。感恩。

那位家长忙说：

> 您客气了。谢谢您的理解和宽容。谢谢您一直以来的辛苦付出，坚持每天发消息不容易啊！

我回复说：

> 这个公众号叫"斯是陋室，惟吾独馨"，是一个用心做新闻的公众号，是上一届创新班的一位家长朋友推荐的，我想向她学习。如有喜欢这些资讯的家长朋友，大家可查找订阅。谢谢这位妈妈，我喜欢你的直言！也喜欢你！喜欢大家！喜欢辛勤的曹老师！喜欢咱们这个班！向大家学习，用更恰当的方法来爱这个班。

最后，这件事在互相理解、互相鼓励中收场了。

后来妈妈琢磨这事儿，我不能以2014级创新班的家长们的反应作为标准来猜测其他家长的心理。在你们班上有不喜欢这些资讯的人，说不定2015级、2016级中也有，只不过，碍于我是年级的"领导者"，大家不方便说罢了，我应该做出调整。于是第二天清晨，我没有直接发"独新寄语"，而是先给家长朋友们发了这样一段话：

　　亲爱的家长朋友们：

　　感恩。

　　每天在班群中发"独新寄语"的习惯，源自 2014 级创新 4 班姚胜迪同学的妈妈。她每天坚持为大家发"独新寄语"，整整坚持了一年。大家很受益，很感动。姚胜迪同学升入附中后，我就向他妈妈学习，把这件事坚持了下来。"善理解，爱帮助"，是圆明书院阳光思维方式的重要内容。我也想通过这种方式，告诉我们的孩子们：哪怕你只需要动动手指，但只要坚持，也能修炼自己，帮助他人。

　　可是昨天有家长朋友提醒我：这样做，客观上也给不喜欢这些资讯的朋友们造成了困扰，干扰了别人的生活。我深以为然，己所不欲，亦勿施于人。于是，深深感恩那些虽不喜欢我们这样做，但从来都采取"理解包容"的态度，从来没有"指责和抱怨"的家长朋友。深深感恩，鞠躬了！

　　所以，从今天开始，我就停发了。我要努力琢磨出更好的方法来为大家服务。"斯是陋室，惟吾德馨"这个公众号诚心做新闻，质量稳定，我们关注了它两年。喜欢的家长朋友可以自行订阅。

　　谢谢大家，我亲爱的朋友们，暑假快乐。祝福创新班有更多姚胜迪妈妈式的家长朋友。让我们都"喜微笑，爱赞美；不指责，勿抱怨；善理解，乐帮助；不焦虑，永乐观"，让我们都成为幸福的人。

一石激起千层浪，有太多太多的家长朋友发言表达喜欢、表示感恩，希望我继续发下去，但妈妈还是决定停止了——为了尽可能地尊重每一个人。

妈妈想：如果在 2016 级我还决定继续做这件事的话，我一定要首先征求家长们的意见。

亲爱的孩子，这就是妈妈要告诉你的故事。在这个故事中，伤害是怎么消失、快乐是怎么生长起来的呢？

学习者心态是决定性因素。

我们容易受伤害，就是因为我们常常处于受害者心态中。受害者心态的思维模式是：别人太糟糕，环境太糟糕，我是受害者，我太倒霉了，我太可怜了。

儿子，受害者模式让我们把人家想得太糟糕，自怨自艾。以这样的方式面对问题，伤害的，首先是我们自己。

一旦拥有学习者心态就不一样了。我们时时刻刻都把自己当作一个学习者，在面对问题的时候，永远只有即将学到新东西的欣喜和快乐。我们就会拥有一种信任：相信他人的善良，相信他人也拥有反省的能力，给自己时间，也给他人时间，在互相理解、互相学习中收获共同的成长。

儿子，所谓智慧，就是把世间万物都当作学习的路径，相信这个世界的友好。一旦拥有这样的心态，便主动远离了伤害，甚至掌控了伤害。幸福都在自己手上、自己心里。

当然，孩子，妈妈还想提一个建议。如果你是那位认为受到信息干扰的家长朋友，你想表达你的意愿，你也可以有更好的选择：如果你私底下加妈妈为好友，然后更委婉地表达自己的想法，那么，你会得到更多的尊重和感激。

儿子，所谓智慧，归根结底就是尊重人的能力。这里边，天高地迥、风光旖旎呢！让我们一起去追求吧。

妈妈

2016/7/15

你可以选择成为坐在路边为英雄鼓掌的人

亲爱的孩子：

这两天，妈妈在班上组织班级辩论赛的巅峰决赛——两个班的"华山论剑"。

我选的辩题，内容来自这两年的网络热文——陈继荣的《我想成为坐在路边鼓掌的人》。文中的主人公"女儿"是一个没有所谓"崇高理想"的孩子，成绩中等，特长不突出，她说：

> 老师曾讲过一句格言：当英雄路过的时候，总要有人坐在路边鼓掌……
>
> 妈妈，我不想成为英雄，我想成为坐在路边鼓掌的人。

辩题由此而来：

小女孩的话"妈妈，我不想成为英雄，我想成为坐在路边鼓掌的人"，其实是一种价值观。

正方：认同这种价值观

反方：反对这种价值观

妈妈的学生很优秀，唇枪舌剑，辩论极为精彩，但我听得出，他们辩论来辩论去，还是被"英雄"的内涵所困。比如正方说：坐在路边给英雄鼓掌是成为英雄的必由之路。反方呢，则更是强势：没有英雄，这个世界就会出现历史的倒退，所以，我们必须要有成为英雄的理想。

我一边欣赏着小孩子们的抱负和才华，一边在想：如果是你，你会做何选择呢？

妈妈的选择很坚定，很清楚，一点儿都不含糊：亲爱的儿子，如果你想成为英雄，那你就走上成为英雄的道路；如果你愿意坐在路边为英雄鼓掌，那好，妈妈支持你！

儿子，妈妈希望你从小就知道：人生的目标，不是成功，而是幸福。

很多人都以为不成功哪来幸福，成功就是幸福，幸福就是成功。

儿子，生活真的没有这么简单。

就像妈妈，也"成功"过，比如我们这个行业，取得了全国赛课的一等奖、论文发表在最核心的期刊上、被业内最高级别的期刊转载、在最高级别的讲台上讲授公开课、出版了很受欢迎的专著、很年轻就获得了"特级教师"这类所谓的职业最高荣誉……

当然，这些都能够带来一定程度的幸福感。没有这些，妈妈也走不到今天，咱们全家也到不了北京、进不了清华，我们的生命体验不会这么丰富。

可是，妈妈也逐渐悟得，这些东西所带来的，其实不是幸福感，而是快感。快感和快乐是两回事，和幸福，更是两回事。

妈妈是走在"奔五"路上的中年人了，细细思考起来，妈妈也有背负着这些荣誉却感受不到幸福的时候，比如：初到北方的那两年，不太理解北京学生的心态和家长的心态，找不准自己的位置，潜意识里总想用老家的那套方法工作，去取得新的成功。结果呢，事事不顺。和学生、和家长的关系很紧张，工作无法推动，连领导都着急。于是，妈妈这个优秀教师成了经常被谈话被帮扶的对象。走出低潮后，妈妈反省自己，那段时间的问题其实是巴渝文化和北方文化在我身上激烈冲突所引起的，表现为我和"他们"以及我和"我们"的相处出了问题。我活在以前的关系模式中，没有找到和新学生、新家长的相处模式。所以，那段日子成了我生命中的最"黑暗"的日子。妈妈这个天性特别喜欢小孩儿的人，居然害怕自己的学生，害怕自己学生的家长，甚至连走进教室都害怕呢。

这个事件的启示是：幸福，主要来自你和周围人的和谐相处。如果你跟"他们"和谐，你的心灵就是和谐的。只有在这种和谐的状态之下，你才可能正常地思考、正常地研究，把事业和生活向前推。这种和谐一旦被破坏，幸福也就逃匿了。

又比如说有段时间妈妈总觉得不快乐。一反省，发现我的"幸福燃点"太高了，也就是说以前轻而易举就能够让自己开心半天的事儿，现在都无所谓了。比如出版一本书，以前会有成就感并且这种成就感会持续挺长一段时间，现在呢？啥感觉都没有了；以前上了一堂成功的课，也会激动一段时间，现在呢？一点儿都不激动了；以前得到了几句肯定、赞美，也会欣欣然乐一阵，现在呢？无波无澜了……开头还觉得是自己成熟了、淡然了、稳重了、荣辱不惊了，后来才觉知这哪里是什么成长，根本是倒退。倒退的表现还有很多，比如：天天经过四季旖旎的圆明园，却根本没有进去看一眼的冲动；在清华园里才住了短短一段时间，也没有了惊喜和感动——那可是我心心念念半辈子的园子啊！我得了心灵萎缩症：迟钝了、麻木了，灵魂世界像土一样板结了、硬化了。我也需要"提醒幸福"了。再不自我疗救，我就"死翘翘"了。

这段经历的启示是：炫目的成功真的不能带给人持久的幸福。幸福的真正密码不仅仅是世俗的认同，它其实更关乎的是一种灵魂的状态。那种状态就是拥有一双永远不近视不疲乏的眼睛，对美和爱，永远看得见，永远看不倦。

妈妈现在对幸福的理解就是这么两句话：

第一句：喜欢你周围的一切，周围的一切也喜欢你。

第二句：有能力为每一个日子感动，甚至为每一个瞬间感动。

从这一意义上，我们回头来看本文开头那篇文章中的"女儿"，她真的可能会成长为一个"幸福燃点"很低的人，也就是说，她的幸福体验值会很高很高。

这个女儿，虽然他的父母"面对她的成绩，有说不出的困惑"，但是，她能够在别人大谈崇高理想的时候，静悄悄地"为身边的小弟弟小妹妹剔蟹剥虾，盛汤揩嘴，忙得不亦乐乎"，她能够在"这家孩子唱歌，那家孩子表演小品"的时候，"开心地""不停鼓掌"，还"不时跑到后面，照看着那些食物。把倾斜的饭盒摆好，松了的瓶盖拧紧，流出的菜汁擦净。忙忙碌碌，像个细心的小管家"。在堵车的时候，其他孩子都"焦躁起来"，这个女儿却能够"笑话一个接一个，全车人都被逗乐了""手底下也没闲着，用装食品的彩色纸盒，剪出许多小动物，引得这群孩子赞叹不已"，下车的时候，"每个人""都""拿到了自己的生肖剪纸"。

我们常说高情商，亲爱的孩子，这就是高情商。

这个"女儿"，自觉不比较，不把自己放在世俗评价标准的范畴里，在众多"优秀"旁人的"围攻"下怡然自得。

这个"女儿"，能够欣赏他人的优秀，但不让这个优秀成为自己的压力。同时她也能不被这种优秀裹挟，她有自己的价值观，清清楚楚，明明白白。

这个"女儿"，喜欢为人服务，善于为人服务。她考试分数不高，但服务的意识很强，服务的水平也很高。为他人服务的时候，她发自内心地开心，而且，具有智慧。

这个"女儿"，知道自己想要什么，能要什么。她坦坦荡荡地说自己的理想：

> 长大了，我的第一志愿是当幼儿园老师，领着孩子们唱歌、跳舞、做游戏。
>
> 我想做妈妈，穿印着'叮当猫'的围裙，在厨房做晚餐，然后给我的孩子讲故事，领着他在阳台上看星星。

亲爱的孩子，读到这里，妈妈的感动是真的。我想，如果我有这样一个女儿，我会多么幸福，多么自豪。特别是人到中年之后，我越来越意识到：奋斗的最终目标，不过就是有心情有能力"领着孩子们唱歌、跳舞、做游戏"，就是有闲暇"在厨房做晚餐，然后给我的孩子讲故事，领着他在阳台上看星星"。

人生万千追求，归诸己身，不过如此。

我们跋涉了一辈子，挣得了那么多的荣誉和金钱，不一定能够挣得这样的一份心境啊！

儿子，妈妈想到了我现在正在教的创新班的孩子们，妈妈很爱他们。也正因为爱，所以心里总有隐隐的担忧。我出这么一个辩题，也是想引发他们的思考：除了优异的学业成绩，还有什么是比分数更重要的。除了英雄的梦想，在我们的跋涉之路上还应该种下什么样的花儿和什么样的草。

我的创新班的孩子们，我发自内心地希望，他们的身上也能够有更多一些这个"女儿"的特质——那是对规矩和秩序的理解遵守，那是对他人的赞美呵护，那是融入"我们"的热情坦然，那是脚踏实地的尘土情怀……

成为英雄，当然是好的，但如果成为自私自利无法无天的英雄，那获得的只能是快感，而不能获得真正的快乐。

而且，成为世俗意义上的英雄，需要资质，需要天时地利人和。不是每一个发奋的人，都能心想事成成为英雄。做凡人，是大部分人的生命归宿。把凡人做好，是每个人最切近的修炼。

亲爱的儿子，我欣喜地看到，在你的身上，或多或少地有一些这个"女儿"的特质。

近期，你的班上发生了一点儿不愉快的事情。一个小女孩受了同学的语言暴力，心理出现了一些问题。调查的结果，你是班上唯一一个在这件事上从没有施加语言暴力的孩子。一位家长表扬说：你是言行最有分寸的孩子。你的班主任也评价说：你是女同学眼里"靠谱一类"的男孩。你的前任班主任说：你文质彬彬，身上没有任何恶习……

妈妈很欣慰，很自豪。

亲爱的孩子，如果你现在觉得能量不够，在学业上还处于低潮，离优秀还有很远的距离，没有关系。读书是一辈子的事情，妈妈在你现在这个年龄的时候，整个中学时代，都是差生，但现在，在自己的这个职业里，肯定算是优秀"学生"了。人生太长太长，我们也许是后知后觉的一类人。老天爷会赐予每一个人智慧，只是有些人很早就拿到了，而有些人，老天爷要特别考验他们，于是，把属于他们的智慧放在挺远的地方，让他们必须坚持跋涉更长的时间才能拿到。所以，我们可以欣赏、祝贺别人先拿到了，但是不必羡慕，更不必紧张。上帝一定是公平的，只是时间早晚而已。

甚至，亲爱的孩子，你也可以选择不要上帝的这个特别恩赐。就在这个世界上，做一个平凡人，有一份养得起自己的工作，踏踏实实经营好每一天。妈妈人到中年之后渐渐懂得，其实，想要灵魂幸福，我们需要的东西真的很少。就像我们清华的小家，面积也好，装修也好，家具也好，都比以前的家简单很多。我们在清华园里过着极简的生活，但是，生活质量降低了吗？没有！

有了大房子、荣誉自然是好的，但是，幸福和大房子、荣誉的关系不像我们世俗想象的那么紧密。我们越早明白这个道理，就越能够获得一种笃定：走向幸福，绝不是自古华山一条路。八面来风都是顺风，大路朝天，各走一边，条条大路通幸福。不必攀比，不必焦虑。

亲爱的儿子，如果我也听到你说："当英雄路过的时候，总要有人坐在路边鼓掌……我愿意成为那个坐在路边鼓掌的人。"

妈妈会支持你！而且，妈妈的心中会充满快乐。

妈妈

2016/6/18

从 2016 起，做一个更善良的人

亲爱的孩子：

晚上，送家具的师傅在家里忙碌着为我们安装家具，两个小师傅很年轻。他们比你大不了几岁，在妈妈的眼里，都还只是孩子，可是就已经出来谋生了。这么冷的天，这么沉的货物，俩孩子，该多劳累啊。妈妈很心疼他们，忙碌着为他们烧水，准备水果，问寒问暖。你也很懂事，帮着两个哥哥搬桌子，抬凳子，收拾各种纸箱子，干什么都很主动。你的态度也很温和友善。我知道，你跟妈妈一样，理解着、敬佩着他们。

孩子，你的善良，一直都是妈妈心头的暖。

我曾见你在公交车上非常主动地给老人让座。你站起来时那么自然而然，根本无需思考。尊敬老人，已经成了你的一种习惯。进出小区的大门时，我也经常见你用卡刷开门后，自然而然地用手撑住门，小停片刻，方便后来的人进来，也让推着车骑着车的人免去了刷卡之烦。

孩子，这些都是举手之劳、抬脚之劳，似乎不足挂齿，但这一举手一抬脚间，便是你的美和善，是你的教养。你可以不是一个应试成绩多么炫目的孩子，但如果你成长为了一个善良的孩子，你的人生，便和幸福有了更多携手的可能。

孩子，善是长在心底的慈悲。这种慈悲，需要胸怀。

几个星期前，我去了西安。北京大雪，飞机停飞，我需要在第二天一大早坐动车回京。头天晚上，在宾馆，我通过前台订了一辆出租车去动车站，讲好了车费是 100 元。

第二天一大早，司机来接我。天很冷很黑，司机也缩在大棉袄中，看不清面目。我坐在后座上，一句话都不说，只祈求快点儿到站。一个女子，这么早在一个陌生的地方独自外出，无论如何，我还是有点儿紧张的。

路上一切顺利，但一到动车站就出了问题。我付了 100 元车款后，那个司机说：不是 120 元吗？我吃了一惊。我说：昨晚宾馆前台告诉我的是 100 元呀。那司机说不可能，走这条路都是 120 元的。我有点儿生气，我说，就是 100 元，不信你去问。那司机就打电话去宾馆。电话打了几个来回，大概服务员交了班，都没有问出个所以然。我越听越生气，都说外地司机宰客，看来，我不幸碰上了，怎么办？！

电话打不通，那个司机便转过头来，可怜兮兮地纠缠我：姐姐，走这段路都是 120 元的，100 元，我们油钱都不够啊……他絮絮叨叨，不依不饶，非要我拿 120 元，不然不让走的样子。

我真生气了，这不是耍赖吗？！我就不拿！就不拿！我没有这么好欺负的。我推开车门，想摔门一走了之。

可是我突然僵住了。

许多恐怖的镜头回放……黑车司机劫财劫色最后杀掉乘客……我的天啊，网络里、电影里、小说里，类似的血腥场景统统涌上心头。

更重要的是，还有一位朋友的叮嘱：你经常出差，记住一是不准坐黑车，二是不要和出租车司机起争执。如果情况特殊，他要多少钱就给他多少钱……

这不就是那"特殊情况"吗？我犯什么傻啊，保命要紧。

我打了一个机灵，掏出 20 元钱，扔给司机，一边叨叨着"算我倒霉"，一边匆匆逃离了出租车。

上了动车，我惊魂稍定，便打电话给那位朋友，向他汇报我的遭遇，感谢他给我的教导，让我安全逃过一劫。

朋友说：嗯，你做得对！出门在外不要为小事惹麻烦。只是我们是不是还可以这样想，走这条路真是 120 元钱，那个司机是真的需要这 20 元钱。20 元钱，对我们来说，是小得可以忽略的数目，但对于一个靠开车甚至是靠租车来谋生的人，恐怕，就真是个大数目了。你今天，帮了他大忙哟！

电话这头，我顿时沉默了，傻住了。

妈妈知道 20 元钱对于穷人的价值。孩子，妈妈十六七岁时，正是家庭经济极其紧张的时候。你的英干妈经常接济妈妈 10 元钱、20 元钱的。这对于她，是小事儿，可当年真正帮妈妈渡过好多危机呢。长大后我提起这事，英干妈惊诧得很。她说：早知你困难成这样，我还可以给你更多的！

可是，可是我，怎么就忘得干干净净呢？怎么就把那个出租车司机想象得那么坏呢？

儿子，那一刻，我最深的感触是：妈妈平时也自诩善良，但我的善良，跟妈妈的那位朋友比起来，还差得很远。

善良，是任何时候都能站在他人的立场想问题。用温柔的心，去信任这个世界。

善，还是一种热情，是一种古道热肠，是一种烫乎乎的慷慨。

还记得我们搬家进清华园的那天，一大早，搬家公司的车都来了，我才发现，我不知道搬家的车应该从哪个门进。清华大学的门多，我知道不是所有门都能进车。

我忐忑着小心翼翼发短信去问学校的保安科长陈老师。

我内心很不安，天色尚早，北方的冬天还在一片黑暗中。平日里没有谁是不辛苦的，好不容易有个周末，我猜想着大家都还在被窝里呢，安安静静没有干扰地睡到自然醒，该是每个人的愿望吧。这下可好，我一个短信发过去，或者把别人从睡梦中惊醒，或者把半梦半醒的人叨扰起来回短信，总之，无论如何，都是打扰了人家难得的一个清晨。

于是，我说了一大堆抱歉的话。

陈科长很快就回了短信。在短信的后面，还加上了一句："欢迎打扰，欢迎麻烦。"

因为这八个字，我一天的心情都是暖暖的、美美的。

是的，亲爱的孩子，生命的美好，往往就来自这样的一个表情，这样的一句暖语。

"欢迎打扰，欢迎麻烦"，八个字，好简单，好朴素，但是在朴素、简单的背后，有一张热情洋溢的脸，有一颗把帮助别人当作享受的心。能做到"欢迎打扰"的人，心很热、很大、很暖。生命中能遇到这样的人，便是大福气了。

妈妈也想做这样的人，但是妈妈的修为还真的不够。平时还行，一旦忙起来，烦心的事情多了，心就窄了。对人家的请求，哪怕只是举手之劳，有时候也难免心中不悦。细细琢磨，我不是没有能力，实在是因为那颗心，还不够好。

今天下午创新班联欢会，我频频被孩子们求助。一会儿有小姑娘要根皮筋儿、要个披风，一会儿又有小男孩儿要个凳子、要个 U 盘……几圈转下来，头就有点儿晕。然后就又遇到两个孩子，向我要一个轮椅。我一听就头大，这东西也找我要？我便说真没有啊，抱歉啊。俩孩子失望地走了，转了一圈，他们又回到我这儿来，说要一个可以推的椅子。我明白他们是找不到轮椅，想用椅子来代替。我正在忙乱中，便说也没有，俩孩子又失望地走了。后来正式表演的时候，我看到他们既没有轮椅，也没有椅子，只是用一个普通凳子代替了。

一时间，妈妈就有些后悔。其实，如果我不忙，也许是可以帮他们找到轮椅的，学校医务室可能就有。即使没有，那种可以推动的椅子，在某个办公室也是完全可能找得到的。或者，我可以请个老师专门为他们解决这个问题。

一个轮椅，对我无足轻重，但对于一年才参加一次演出的孩子，可能是天大的一件事呢。而且，他们向我求助，而不是向别人求助，是看重我是年级的管理者，信任我不是吗？

可是我辜负了这份信任。我内心轻视这件事，不耐烦了，能推就推了。对于孩子的求助，我没有往心里去。

一时间，妈妈觉得很难过，为自己的冷漠。

如果我有陈科长的那种"欢迎打扰"的情怀，我处理这件事情的方式和结果就会很不一样了，而教师这个职业，是多么需要这种情怀啊！人世间，是多么需要这种情怀啊！

或者说，一个更和谐、更温暖的社会，是多么需要这种情怀啊！这些年，妈妈办调动，冷眼看尽，冷脸受尽。在某个关口，某个部门，如能遇到一张笑脸，我都会感激好多天。可是当我也可以给别人笑脸的时候，我是不是做到了呢？如果每一个社会成员对别人的求助都有一张笑脸，那我们生活的这个世界，该多么美好。

亲爱的孩子，从此以后，妈妈也要更善良，更多地发自内心对孩子们说，对任何人说：欢迎麻烦，欢迎打扰。

孩子，有一句名言，说的是世界上最珍贵的东西是洋溢在脸上的自信和生长在心底的善良。妈妈觉得，如果二者还要选其一的话，那么"善良"甚至比"自信"还重要。你慢慢长大，就会知道，善良，本身就是力量。这力量，大过一切呢！新的一年到来了，我亲爱的已经很善良的孩子，让我们一起做一个更加善良的人，好吗？

妈妈

2016/1/1

孩子，做一个像小双喜那样的孩子

亲爱的孩子：

今天是你的生日，妈妈想为你写一点儿文字，写什么呢？这段时间妈妈一直在研究鲁迅的名篇《社戏》。这是你学过的课文，妈妈一遍又一遍地反复研读这篇小说，感触特别特别多，且越来越多。孩子，我一边读一边想，《社戏》中的那些孩子好可爱，很值得我们学习呢！

这群孩子生活在很偏僻的平桥村，这个村子的人"百分之九十五"以上不识字，所以，他们多半也没有上学，但不上学不等于没有文化、没有教养，更不等于不懂事、不能干。他们没有机会读有字之书，但妈妈觉得，他们的无字之书读得真心不错！

这群孩子，平时都是要劳动的。没有远客来，他们每天都有活儿干，是不能随便玩耍的。有远客来，才能放下手上的活儿，去陪客人。文中只这一句交代，就让妈妈对这些孩子心生佩服。从小干活或者不干活，承担家务或者不承担家务，孩子的生命状态，是不一样的。他们后来能干又懂事，一定和他们小小年纪就干活儿有关。

这群孩子，能够把"别人家的客人"都当成自己家的客人对待。陪着客人钓虾，钓到的虾都给客人吃。除了民风淳朴之外，我想，这些孩子虽长在小地方，但其实有一种豁达和大度。他们懂得如何招待远道而来的小伙伴，虽然这小伙伴跟他们的年龄差不多。

这群孩子，特别有同理心。迅哥儿看不了戏，他们都跟着叹息和同情。后来船的问题解决了，虽然他们白天都已经看过了戏，但依旧大晚上兴高采烈地陪迅哥儿又跑了一趟。他们一起热热闹闹地撑船，聚精会神地看戏，认认真真地发牢骚，兴致盎然地偷豆吃豆……哦，孩子，妈妈是成年人了，我并不把这些简单地看作孩子的贪玩，我从中看到的是他们的懂礼貌，知冷热。他们知道，投入地玩，就是最贴心的待客之道。他们不会读"秩秩斯干幽幽南山"，但他们有一颗懂得如何安抚和疼爱伙伴儿的心。他们没有学识，但是有常识。这是一群懂爱的孩子，他们的礼节不在书上，而在心里。而且，在日常生活中，已经内化为一种行为习惯的自觉。所以，他们才表现得那么自然又那么真诚。

孩子，如果细细读书，你真的会为这群小孩子惊叹：没有大人的组织和指导，这个天然形成的"小孩子团队"却行动有方，行为迅速。他们对双喜的提议回应得恰到好处，促使祖母、母亲放下了担忧之心；上船之后，谁负责撑前篙，谁负责拔后篙，哪些人在前舱，哪些人在后舱，哪些人陪"我"……一样一样，都不需要细致安排而是迅速到位。可见，这帮小孩子很有默契，互相了解，善于合作。他们是不是也很像一个"班集体"呢？而且，这个集体，没有班主任，没有辅导员，自动运转，自动调节，效率高得很，效果好得很呢。

后来桂生没有买到豆浆主动提出舀水给"我"喝，水生要大家偷自己家的豆……点点滴滴，我们都看到在这个自然形成的小团队中，每一个孩子，都不自私，都那么善于为他人着想。这些，对于孩子而言，是多么宝贵的品质啊！

当然，最让妈妈敬佩的，是双喜。亲爱的孩子，双喜的思维品质和行动能力，都让我们喜欢，也值得你，值得妈妈学习。

虽然所有的孩子都可爱，但双喜是可爱中最可爱的，为什么呢？最耐人琢磨的有以下几个细节：

第一个是家里没有订到大船，迅哥儿看不成戏，痛苦得不得了。"所有人都表示叹息且同情"。对孩子而言，能够表示叹息和同情已经是不错的表现了。你看现在的一些孩子，对别人的痛苦无动于衷，落井下石说风凉话的也是有的啊。双喜的不同之处在于，他不仅仅是叹息和同情。别人在叹息和同情的时候，他的小脑瓜在转，只有他在最快的时间反应过来——"大船？八叔的航船不是回来了吗？"你可以说他善于观察，脑子转得快，我最欣赏的不是这个，而是他高人一筹的思维方式——人家仅仅在叹息和同情，只有他在琢磨这个问题怎么解决。人家停留在问题本身上，但双喜，思考的内容已经超越问题本身了。他不仅瞬间抓住了问题的关键，而且用新的思维方式解决了这个问题——"大船回来了"。亲爱的孩子，我们经常说正能量，这就是正能量。当所有人都在叹息——这也是一种温柔的抱怨吧——的时候，有人不抱怨，而是琢磨如何解决问题。很多问题，看起来比天大，但是思路一变，往往就豁然开朗了啊！双喜的第一可爱，就在于他超越问题解决问题的意识可爱。

双喜的第二句话，更加表现出了他的思维能力。船有了，但没有大人，祖母、母亲还是不放心。你看这个十来岁的小双喜，是如何掷地有声的。第一，

"我写包票"，一个"我"字多么自信，"写包票"多么有担当精神。第二，"船又大；迅哥儿向来不乱跑；我们又都是识水性的！"三个条件环环相扣，共同形成了一个"安全链"，让祖母、母亲心服口服。"船大"是物质条件，"迅哥儿向来不乱跑"是人力保障。"我们又都是识水性的"更妙，妙在这话的潜台词"就算退一万步说，真落水了，出了险情了，也不怕，我们有救人的能力"。妈妈讲课的时候告诉学生，鲁迅先生在这个地方不用句号，不用逗号，而用分号，真是准确极了，分号最有分而不隔的作用。双喜的这三个要点，相对独立，但又互相呼应，环环紧扣，连顺序都不能打乱。这里边，有小孩童的思维过程呢。双喜肯定没有学过逻辑学，但他有逻辑思维能力，很善于分析问题，很善于说服人，了不起呢！

大家偷豆后，六一公公找上门来，双喜"对付"六一公公也是举重若轻的。面对六一公公的质问，他不躲不藏，先承认，一句"是的"，好稳重好淡定。然后添一句"我们请客"，给这次行为以合理的解释，堵了六一公公的口。接着更好玩，"我们当初还不要你的呢"，言外之意，我们偷了你的豆，你还应该感谢我们。这下好，主动权在自己手里了。最有意思的是还补上一句"你看，你把我们的虾吓跑了"，这下更好，悄悄转移了话题，还要让六一公公自己内疚去呢。我们偷你的豆，你应该感谢我们才好；你吓走了我们的虾，你对不起我们，该道歉的是你呢！

在整个应对过程当中，小双喜不焦不躁，重话都不怎么说，轻描淡写就化解了矛盾。小孩轻轻巧巧就让老公公没有了"还嘴之力"，很厉害是不是？

呵呵，每次读到这个地方，妈妈都忍俊不禁。细细琢磨，双喜的应对方式是狡猾的儿童式，真要反驳，也能反驳，但在那种场景当中，大人还不一定反应得过来。即使反应过来，也不忍心去对质。那种儿童式的智慧，那么天真可爱，"狡黠"可喜。小双喜似乎学过些心理学呢！

当然，孩子，双喜之可爱，不仅在于他喜欢动脑筋，小小年纪就有思想，他的可爱之处，更在于他对周围人心思的体察，他对所有人的关照。且不必说他在关键时刻解决了大船的问题，不必说危急关头站出来打包票宽了老人的心，也不必说跳下船就主动"拔前篙"多么敏捷，单是他对人情世故的理解，就让人喜欢。他为小朋友解说铁头老生的厉害精确到"白天翻了83个筋斗"；他宽慰大家"晚上是白地儿，铁头老生也懈了"缓急了大家的焦虑情绪；在众人都无聊劳累时，他征求大家的意见"我们都撤了吧"。你看，关键时刻他总是在拿大主意，他永远知道什么时候应该下决心。他在第一时间询问水生该偷他家的豆呢还是偷六一公公家的，考虑问题很细致，对小朋友很尊重。只有他担忧到水生娘可能会骂所以不能偷太多，只有他在大家津津有味地吃豆时还在忧虑六一公公的柴和盐的问题……最动人的一笔是，夜那么深了，大家都高兴够了，也都困了，只有他一人在第一时间喊出了"都回来了！哪里会错。我原说过写包票的！"这话是对母亲喊的。那时，母亲一直站在桥上等他们呢。别的小朋友都没有看到，只有双喜看到了，并且在第一时间对母亲深夜的等候做出了回应。看来，这一路，双喜一直都是机警的，他打了"包票"就一直干着"大人"的活儿。对老人，对伙伴，对小客人，家里家外，群里群外，他个个装在心里呢。这个小家伙，是个相当会疼人的小家伙哟！

所以，孩子，妈妈写了这么一个顺口溜赞美双喜：

赞双喜

平桥村里双喜伢，十一二岁小人家。

聪明伶俐孩子头，桩桩件件主意大。

眼观六路听八方，风吹草动善观察。
心思缜密抓要点，轻重缓急无错差。
关键时刻主张明，一呼百应不叽喳。
孩子堆里像哥哥，老人面前是暖娃。
轻描淡写三两句，摆平矛盾乐哈哈。
乳臭未干忒懂事，未来老大还是他。

孩子，研究双喜的时候，我还有点儿隐隐的担忧呢：如果他真上了学堂，读了书，会不会反而把他身上的这些美好品质给读没了。因为，妈妈教了20多年书，一直有一个挺遗憾的感觉，小家伙们读的课外班越来越多，考的分数也越考越高，但像双喜这样的孩子，似乎越来越少了。

我亲爱的孩子，这就是妈妈的祝愿了：做个像平桥村的孩子那样的孩子，做个像双喜那样的孩子。在未来的日子里，如果能够把有字之书读好，那固然好，但更为重要的是，懂得理解人、疼惜人，遇到问题的时候，知道问题不是拿来面对的，而是用来超越的，会主动思考，善于思考……这些品质，都和分数无关，却和人的核心素质有关。

孩子，让我们一起向平桥村的孩子们学习！

妈妈
2016/4/4

像妈妈一样每天睡到自然醒

亲爱的孩子：

这两年，爸爸妈妈的作息时间都有了比较好的调整。爸爸熬夜的问题有了很大的改善——这真是咱家之福啊！妈妈呢，更棒！基本做到了每天睡到自然醒。

这是不是特别值得你学习啊！

睡到自然醒，对于很多人来说，是很奢侈的。妈妈是怎么做到的呢？

其实很简单，就是早睡早起。

妈妈平时晚上 9 点钟就上床休息了。超过 10 点钟还没有睡的情况凤毛麟角。第二天清晨，总是自然醒的，4 点到 5 点，准时醒来，不需要闹钟提醒，而且不困。

妈妈所有漂亮的创意，几乎都是在清晨涌现的。

妈妈所有最艰难的工作，也几乎都是在清晨完成的。

很多人问妈妈，你那么多工作，家务也不少，你怎么可以做到早睡？你睡得着吗？事情做不完怎么办？

今天妈妈就和你聊聊关于时间方面的问题。

要想睡到自然醒，要从两个方面努力。

一是时间筹划的能力。

二是心态修炼的能力。

所谓时间管理，管理的不是时间，管理的其实是自己的事务。现代人总有一大堆事务。妈妈更是！因为妈妈身份"复杂"：母亲、妻子、女儿、儿媳妇、教师、年级管理者……还是所谓的"名师"——荣誉总是会带来更多的责任和义务。人人都一样。

我的记事簿上，永远有做不完的事儿。

加上自己还算有"理想"的人，不想庸庸碌碌地混日子，所以必须自我培养，日日精进。由此，需要应对的事务就更多了。

怎么办？

以下几点至关重要：

首先，要大胆地"舍"，把可做可不做的事情舍掉。

也就是说，要有"拒绝"的意识和能力。

能包能容，能舍能弃，对待自己的时间，有大刀阔斧的魄力。睡到自然醒，才能成为可能。

一定要知道哪些事情不必做。

人生不过四个方面的追求：事业成就感的追求，权力职位的追求，金钱的追求，人际关系的追求。

人生的很多痛苦，来自追求太多。追求单一，就不会太累。

对于妈妈而言，事业成就感必须有，爱与被爱的感觉必须有。有这两样，我的生命就既有意义，又有温度。

所以，有些事情就跟我无甚关系：比如权力和职位，我不考虑；比如金钱，我也不会有太多考虑。

人际关系这一块，我第一看重和你的关系，和你爸爸的关系，和其他家人的关系；第二看重和我学生的关系，和我学生家长的关系；第三看重和我的"尺码相同"的语文亲人的关系。其他的，便可以放下。

无意义无价值的事情就不用说了。就是有意义有价值的事情，如果我们都去做，也会被累死。主动地"拒绝"一些事情，非常必要。

比如妈妈的饭局。有些饭局，吃了可以增进友谊，中国式关系，有些还真需要饭局维系，但是，饭局太多，实在浪费时间。所以，很多饭，咬咬牙，狠狠心，不必吃。

比如妈妈现在的约稿约课很多，多写多讲多发表，当然是好的，但是，有很多事情比写作比讲课更重要，所以，大部分的约稿约课需要被推掉。甚至对写博客，经营微信公众号，妈妈也在有意识地控制自己。输入比输出更重要，思考比表达更重要。于妈妈而言，写，需要更多的约束，重质而不是重量。

比如各方的求助。妈妈在语文教学上和班主任工作方面经验稍微多一些，因此每天都面临着许多朋友们的求助，单是为各种新著写序言，就已经应接不暇了。妈妈也愿意帮助大家，但如果统统都出手，那就不要活了。因此，对于大部分求援，只能说声抱歉……这样做，最开始妈妈也觉得很煎熬，总是于心不忍，但是现在终于想明白了：必须这样做，只能这样做。

……

那么，儿子，当你觉得特别忙碌的时候，你可以静下心来理一理，哪些事情，其实是可以不做的。

其次，除了分清事情的轻重缓急，还有就是见缝插针的能力——用零碎的时间处理关键要务，或者同时干几件事情。

比如对于教师，学习是最重要的。几天不读书，自己便不踏实。但时间又很紧，怎么办？

于是，听，成了我这两年最重要的学习方式。

听"静雅思听"，听"喜马拉雅"，听"樊登讲书"，听各种电影、各种电视连续剧……好的反复听，得空便把最核心最精彩的内容整理记录到本子上。

因为听，许多事情便被赋予了更多的意义。

你也看到了，妈妈因此更喜欢干家务了。一边做饭一边听，一边洗碗一边听，一边做卫生一边听，一边整理一边听……不疾不徐，轻松自由！

上下班走路听，锻炼跑步听，养神的时候也听……听书，是一种独特的休闲学习方式呢！上几个星期"听"完了《小别离》，这一星期，我又听完了《中国式关系》。学习、家务、娱乐三不误！

你觉得学习外语特别难，是不是也可以学习妈妈随时"听"的精神呢？

最后，你要学会为自己必须做的各种事务分类。

这些事情，不过四类：关键又紧急的，关键不紧急的，紧急不关键的，既不紧急也不关键的。

平时我们忙乱，最重要的原因，是我们老在做"既关键又紧急"的事。

造成这种忙乱的根本原因在于：当一件事情"关键不紧急"时，咱们忘记做了。我们永远在应对眼前的那点儿破事。

如果我们学会把一件事情处理在"关键不紧急"的状态，我们就会从容很多。

比如妈妈，明年，要为《中学语文教学参考》这个重量级的核心期刊写一年的"青春语文"专栏稿。离明年还有很长一段时间呢，但现在妈妈就在做整个学年的写作计划了，并且争取在 2017 年到来时，能够提前完成三个月的写作计划。如果这个工作不提前做，推到年底再赶，那节奏就乱了，心态也会很糟糕，不仅赶出来的稿件质量堪忧，而且整个 2017 年可能都会在忙乱中度过了。

你也一样。比如有一项重要的作业，十天后才交，如果你能在前七天就完成，而不是堆到第九天晚上再来应对，不把不紧急的事务变为紧急事务，你的学习状态就会好很多。

我们常常说一个人有成就。"成就"这个东西，一般不是赶出来的，都是平时积累出来的。比如，妈妈那么多的"专著"，到年底就 16 本了，没有哪一本是熬夜熬出来的，是心急火燎赶出来的，而是平时，通过点点滴滴记录积累起来的。

我们能够把事情在"关键不紧急"的时候搞定，我们就能把时间掌握于股掌中了。

我们能长时间地不被太多"关键又紧急"的事件困扰，我们就能安然入睡，美梦连连。

说到这里，儿子，还有一点妈妈特别想提醒你：孔子说，尽人事，听天命。有些事情，如果以我们现在的能力难以做到，那就不要跟自己较劲儿。放一放，缓一缓，等待自己的成长，等待时机成熟了再去做。人生很短，但也很长，我们对自己要有足够的耐心。无论在何种状况下，都不需要为"关键又紧急"的事情耗尽全力。

努力是必需的，但拼命不是必需的。

生命的健康永远比外在的事务更重要。发愤图强和好好睡觉，从来不矛盾。就是因为要发愤图强，所以，才更需要好好睡觉。睡得饱，睡得甜，就是每一天首要"关键又紧急"的事情。

……

具体的方法还有很多，不再多说。

这些，既是时间的统筹问题，也是心态问题。

这两年，妈妈读心理学、佛学的书多一些，在正念的修行上，有了一些心得。我已经出版的《一路修行做女人》《一路修行做老师》《一路修行做班主任》和即将出版的《一路修行教作文》《王君与青春语文》等书（现都已出版），都是妈妈对自己的"实验"。妈妈从研究外部世界进入研究自己的内心世界。"内观"和"内修"让妈妈越来越能够冷静地观察自己的情绪和调节自己的情绪。你应该也能感觉到一些吧，妈妈这两年的情绪比以前更稳定了。

要想睡到自然醒，特别关键的就是心态要平和。我们要知道哪些气可以"不受"。目标过多让我们焦虑，困于情绪让我们抑郁。时时刻刻问自己"我在哪里"？不被情绪牵着走，我们才能早睡早起。

去年，两位语文教师朋友为学术问题争论，眼看着闹得不太好看了，妈妈着急，便写了一篇文章去"劝架"。妈妈心意纯正，并无他想。没有想到其中一位朋友却觉得妈妈没有支持他，于是不依不饶，在网上用很多不好的方式攻击妈妈。某些手段，真的过分了。

孩子，如果是你，你会怎么办？

妈妈的选择是不申辩不搭理。

为什么？因为申辩需要时间。而时间，一定要给值得的人、值得的事。

这个朋友的表现，让我觉得不值得。所以，自始至终，面对那些"伤害"，我一言不发。

所谓"伤害"而已，你不觉得是伤害，那它们就什么都不是。

妈妈不敢说百毒不侵，但行走江湖这么多年，这点儿定力还是有的。遭遇了不公平，不一定非要去把那个"公平"扳回来，强大的人不追求公平。

心理学上有"追蛇效应"。就是说，我们被一条蛇咬了一口，避开就是，如果去追蛇，那才是真蠢。就如俗语所说，如果一条狗朝我们乱吠，我们没有必要也叫一通才解气。连我的 10 岁学生廖一蓬都懂这个道理。他说：要微笑，不要咆哮。

妈妈通过这件事情学到了很多：别人未必用你的视角看问题。所以，你的表达需要更谨慎。如果误解无法避免了，那就理解、接纳他的误解。

一切都会过去。我们不需要用最宝贵的睡眠时间，来为一些莫名其妙的事生气。不生气，才能安然入睡。

我们要知道每一个人都值得我们温柔对待——包括我们自己。

每个人，都不完美。我们自己，也不完美。

因为不完美，所以，我们更要珍惜每一个人的美好，并且充分地享受彼此的美好。

就如我们的小家。

爸爸是男人，在家务上懒散些粗心些是正常的，但妈妈是多么享受爸爸的宽容厚道和热爱学习；你呢，一个成长中的孩了，当然也有不足之处，但妈妈是多么享受你的理性、善良以及教养；你们给了妈妈很多爱，是不是因为你们也在享受妈妈的勤劳、勤奋、活泼，而忽略了妈妈偶尔的急躁和任性呢？

享受别人的美好，就能允许自己带着缺点慢慢成长，允许别人带着缺点慢慢成长。善待自己和他人的缺点，我们就能心灵柔软、美梦宁静。

内心空灵，不计较，才能睡好觉。

妈妈做教师，每天都要面对几十上百的家长。单单稳定家长群就要面对很多挑战。要做好，也不难，那就是：如果有 160 位家长，你就得有 160 个视角。

人越成熟，就越懂得每一个人都容易受困于自己的视角。"见到我"不易，见到"你"更不易。如果只从自己的视角看问题，那就会胸闷、气短、失眠。所以，只要不伤大雅，根本不需要否定别人。哪怕别人真的是错的，也不需点出。该让一步就让一步，该容一容就容一容。自我检讨在先，主动承担责任。

要相信，只要你有足够的谦恭，每个人都会感受到你的诚意。别人不需要你教育，别人自己会成长。

成熟，就是拥有很大的弹性，可以轻轻松松地跳到别人的立场去看问题，为别人着想。

不计较，永远是学习者心态，不虐人，也不自虐，心就宽，觉就甜。

······

哦，亲爱的孩子，今天就说到这儿。睡到自然醒，需要的是灵性的苏醒：对于自己的时间，对于自己的心灵，有了高度的自觉。管理好时间的前提是，管理好自己的心灵。

妈妈已在中年，走了很多很多的路，经历了很多很多的事，痛苦和磨难已经成了生命银行中最宝贵的珍藏。妈妈睡得好，是因为越来越能看透，越来越能放下，越来越能包容，越来越能相信：

无论发生什么，都是上帝的恩赐。没有任何一件事，不是成全。

所以，无需焦虑，无需恐惧。安安静静地面对一切，并且，享受一切。

亲爱的孩子，睡好觉，是人世间第一美妙的事情。妈妈祝福你，也能安顿好自己的事务，安顿好自己的心灵，天天睡到自然醒。从一个一个美梦中醒来，精神勃发，神清气爽，胸中揣着那轮冉冉升起的太阳，上学去！

妈妈

2016/10/19

我们要配得上我们所受的『苦难』

亲爱的孩子：

妈妈写下这个题目的时候，犹豫了一下，把"苦难"这个词语打上了引号。妈妈是"70后"。我们是很幸运的一代，躲过了战争，躲过了灾荒，躲过了残酷的政治运动……谈"苦难"，好像实在有点儿矫情。而且，活到妈妈这个年龄，当生命的浓雾渐渐消散，我发自内心地感受到除了生死，其他事其实都不算事。甚至，生死也不过如此。当死之时，定是上天的安排，躲不过，也不用躲，从容赴死就是。所谓苦难的定义，更多的是我们一时的心境所致。换个角度，换个时间地点再看，谈苦说难，都是无病呻吟。孩子，你还小，需要一些时间才懂得这些，所以，妈妈暂且还是把我们生命中遇到的某些比较严重的困扰称为"苦难"。

这两天，妈妈不断接到朋友们的"祝福"，祝贺我"北京市特级教师认定通过"。大概人保局（人力资源和社会保障局，后同）和市教委在网上正式发布了批文，朋友们先我一步看到了。

感谢朋友们的好意之外，妈妈更多的是苦笑。庆贺？我的特级认定，根本就是个笑话。2016年即将到来，妈妈来北京，已经是第七个年头了啊！妈妈2007年就评了特级，进京后七年才获认定。北京的圈内人，恐怕都笑掉大牙了。反正我自己的牙早就哭掉了。

北京市的特级认定其实不复杂，调动全部办好后，参加一个答辩，即可通过。所以，跟我一起入京的特级朋友们，快的，一年多就全部搞定；慢的，也没有超过三年。只有妈妈，一拖就是7年。

原因很简单，我搞不定我的调动。

2012年暑假的时候，我写过一篇长文，叫《二十年目睹调动之怪现状》，那是我为纪念从重庆到北京的调动即将办完所写的文字。原以为尘埃落定，谁知道，从调档到工作关系等全部理顺，又是小半年。我真正办完重庆到北京的全部人事关系手续，已经是2013年了。从2009年4月开始办，一直到2013年2月全部结束，一共跨越了五个年头。

满纸荒唐言，一把辛酸泪啊！

这五年，我无法参加北京市特级教师的认定。

当我终于可以参加这个认定的时候，我又决定离开人大去清华了。

这是个艰难的决定。我知道这一步走出去，我又将面对无休无止的调动扯皮。矛盾背后，是职称、荣誉、工资待遇、特级认定、住房等一系列的问题都会跟着扯皮。我将再一次成为"不着地"的无根浮萍，漂在水中，承受漫无边际的折磨。从綦江到重庆，我有四年的时间过的就是这种日子。体制内的教师失掉了体制身份，那种尴尬，那种茫然，我是有切肤之痛的。

我最后还是决定去清华，原因很简单，就是想去。不去的话，今生有悔。

可是因为人事关系调动的不顺利，耽搁了三年。这三年里，比我晚好几年进京的朋友们都陆陆续续地搞定了一切。只有我，还在原地徘徊。没有特级认定的资格，我硬着头皮参加了认定答辩也是枉然。分房，我没有资格；工资调整，我没有资格；北京市给特级教师的所有待遇，我都没有资格……我什么都没有。甚至每次开教职工大会，学校花名册上都没有我的名字，我只能单独把名字签在所有语文组老师的后面。领工资时，我领的是"劳务报酬"，学校也很为难，清华大学的商调函下了两年多了，早就过期了，学校相关办事人员不知道应该把我当哪类老师看待。

亲爱的孩子，你现在很难理解有一段时间妈妈的焦灼和慌乱。毕竟我不是 25 岁的女生了，妈妈已经年过 40 岁了。这么熬下去，可能我就要超龄了。不仅调不进清华，甚至，可能会因为调动申请被冻结，连公办教师的编制都要失去了。

更要命的是，有确切的消息传来，北京市取消了特级教师认定制度。也就是说，即使妈妈以后调动成功，也只能重走四年一届的和北京的本地教师一起重评特级的流程了。这对于外地进京的中年女教师来说，其难度之大，基本等于直接失去了这个荣誉。

得到这个消息的那个下午，妈妈一个人在办公室里静静坐了很久，慢慢地把所有的麻烦事都重新梳理了一遍。几个小时后，妈妈想明白了，做出了一个重大的决定：

我没有什么过错，我只不过就是想去自己心仪的学校。上级领导部门不理解，那就随他们不理解吧。尽人事，听天命。你不给，我就不要了。编制也好，职称也好，荣誉也好，我都不要了，统统不要了。

哪怕什么都不要了，妈妈想，我也依旧可以活下去。在北京的学校里，没有编制的老师有很多。他们依旧在成长，我为什么不可以？而且，没有编制，说不定会把妈妈推到另外一条人生道路上去，谁能说这不是更自由更有意思的一条路呢？至于特级教师的荣誉，以妈妈现在的各种积累，就算暂时没得到官方认定，一线的老师们也会认定我，而且这是更为重要的认定。还有住房、津贴等一类的问题，有所得必有所失，我就把损失当成必须付出的代价吧……总之，儿子，妈妈掐指一算，觉得前段时间因为调动和认定带来的恐惧都是自己吓自己，妈妈必须更勇敢！体制的庇护没有了，更要活得精彩，活得笃定。

于是，妈妈彻底想明白了，我不再为那冻结三年的申调报告而痛苦。经过努力也做不了主的事儿，就随它去吧，妈妈重获轻松。该干吗还是干吗：该锻炼身体就锻炼身体，该读书就读书，该写作就写作，该讲学就讲学，该出书就出书，该严肃就严肃，该疯狂就疯狂，该早睡早起就还是早睡早起，该偷偷懒就偷偷懒……教师是个不错的职业，这个职业是靠实力吃饭的。你一动笔，一张嘴，便都是在参加认定考试。你真优秀，各种机会便挡都挡不住。你不会停止成长，只要你不从成长的轨道上临阵脱逃。你心平气和坚守自己，各种成长也就坚守了你。

儿子，只要你不把事当事，这事就威胁不了你了。当你什么都可以不要了，甚至连"死"都不怕的时候，你就彻底自在了。困扰我们的，从来都不是事情本身，而是我们对事情的态度。

"漂"在清华的这三个年头，一切安好。文章发表了一大堆，专著出了一大摞，在全国讲的课越来越多，影响原来越大，做老师做得越来越开心，全国各地的朋友也越来越亲，心情越来越开朗，日子越过越红火……而且，我这个非北京市特级教师，还被业内评为了全国中语首届十大学术领军人物。

所以，2015年年底，当好消息一个接一个从天而降时，我都有点儿接不住：

先是在学校的努力下，我那万年调不动的调动终于又重新启动了，我终于拿到了那差点儿要了我的命的准许调动的红头文件；更神奇的是，政府突然下发文件说为了搞好特级教师管理的过渡工作，在2015年年底再举行最后一次北京市特级教师认定答辩——这真是最后一次了，从此特级认定就取消了。

天啊！妈妈居然赶上了末班车！

我带着人保局准许调动的公函参加了这次答辩。怀里揣着这"尚方宝剑"，我信心满满，激动欢欣，身轻如燕，完全可以"厚颜无耻"地用"思维敏捷、对答如流、舌灿莲花"来表扬自己。批文下来后，一看中语特级认定通过的名单，我是第一个。

我看到后当然高兴，就好像捡了一个天上掉下来的大钱包，或者，走路踩到了一大坨金子，但是，失落也是有的——一时之间我都不太相信这些大麻烦忽然就这么哗啦啦都消失了。可是我已经做好了"打持久战"的思想准备啊！这有点儿像道上的对决——架势都摆好了，对手突然死了——寂寞高手一时俱无踪——呵呵，真玄乎！

儿子，妈妈真是感慨，我想起了前几年读《丑小鸭》，读到的最动人之处，是小鸭子在"凤凰涅槃"前的选择：它宁愿死，也要游向那群美丽的天鹅。在生命重生之前的最后一刻，在生命和美之间，它选择了美。

一个连死都不怕的人，她怎么可能不绽放？

妈妈觉得，我越来越理解安徒生的"丑小鸭"了。

当一切困难都迎风而散，妈妈细细回味这段迎接压力化解压力的日子，觉得最难忘最幸福的，不是压力烟消云散的那一刻，而是那些在"压力山大"的时候自己给自己做心理治疗、自己帮助自己走出情绪低潮的日子。妈妈有资格自己为自己点赞：在任何时候，妈妈都没有放弃成长。

关于放弃成长这个问题，有一个著名的心理学故事，妈妈想讲给你听：

有一棵苹果树，第一年结了10个苹果，9个被拿走，自己得到1个。对此，苹果树愤愤不平，于是自断经脉，拒绝成长。第二年，它只结了5个苹果，4个被拿走，自己得到1个。"哈哈，去年我得到了10%，今年得到20%！翻了一番。"这棵苹果树心理平衡了。

但是，它本可以选择继续成长。譬如，第二年，它结了100个果子，被拿走90个，自己得到10个。

很可能，它被拿走99个，自己只得到1个，但没关系，它还可以继续成长，第三年结1 000个果子……

其实，得到多少果子不是最重要的，最重要的是，苹果树在成长！等苹果树长成参天大树的时候，那些曾阻碍它成长的力量都可以忽略不计。真的，不要太在乎果子，成长是最重要的。

关于这个故事的心理点评也非常精彩：

刚开始工作的时候，你才华横溢，意气风发，相信"天生我材必有用"，但现实很快敲了你几个闷棍，或许，你为单位做了大贡献却没人重视；或许，只得到口头重视但却得不到实际好处；或许……总之，你觉得你就像那棵苹果树，结出的果子自己只享受到了很小的一部分，与你的期望相去甚远。

于是，你愤怒、你懊恼、你牢骚满腹……最终，你决定不再那么努力，只要自己的所做匹配得上自己的所得就好。几年过去后，你一反省，发现现在的你已经没有刚工作时的激情和才华了。

"老了，成熟了。"我们习惯这样自嘲，但实质是，你已经停止成长了。

这样的故事，在我们身边比比皆是。

之所以犯这种错误，是因为我们忘记了生命是一个历程，是一个整体，我们觉得自己已经经历了成长，现在是到结果子的时候了。我们太过在乎一时的得失，而忘记了成长才是最重要的。

好在，这不是金庸小说里的自断经脉。我们随时可以放弃这样做，继续走向成长之路。

切记：如果你是一个打工族，遇到了不懂管理、野蛮管理或错误管理的上司或企业文化，那么，提醒自己一下，千万不要因为激愤和满腹牢骚而自断经脉。不论遇到什么事情，都要做一棵永远成长的苹果树，因为你的成长永远比每个月拿多少钱更重要。

亲爱的孩子，妈妈第一次读到这个故事，就被深深打动了。

"苦"其实是我们成长过程中躲不开的滋味，五味俱全才是人生，"苦"未必不好。就像小时候妈妈不喜欢吃苦瓜，嫌弃它苦，但苦瓜，是妈妈人到中年后最喜欢吃的蔬菜之一。它能降暑，能祛湿，是蔬菜中很珍贵的一种。除了药用和营养，甚至那种淡淡的苦涩味道，也有其他滋味不可比拟的独特。

妈妈常想，如果一路走来，都顺顺利利，啥挫折都没有，那么生命会多么的单调和乏味。

就像那河流，如果都不走弯路，其观赏性便差多了。

飞流直下和九曲回肠，各自成就生命的大美。而蜿蜒曲折之美，则有更多韵致，更多风情。

"苦"并不可怕，可怕的是我们自己，把这"苦"变成了"难"——灾难。

就如那自断经脉的苹果树，就如我们在得不到认可的时候，自我否定和自我放弃。

其实，没有谁有资格来定义我们，在特级人生的答辩席上，辩手和评委本质上都只能是我们自己。

我到北京带的第一届学生尘，他的妈妈的祝贺语最显浪漫智慧，她说：

从见老师的第一眼就已"认定"，这才是最重要的，其他，都是形式。

妈妈很感动，很感动。

你是什么样的质地，你便活出什么样的人生，其实，我们并不需要什么红头文件。你生命的质量，便是最好的认定。

"苦"而不"难"，我们就享受了这"苦"，升华了这"苦"，我们便配得上我们所受的全部苦难了。

积极心理学大师弗兰克说过一句名言：即使在极端恶劣的环境里，人们也会有一种最后的自由，那就是选择自己态度的自由。

妈妈做得不错！儿子，请向妈妈学习。

妈妈

2015/12/26

成为你自己

—— 向佳梅阿姨学习

亲爱的孩子：

勇敢选择自己的活法，坚持自己的活法，这实在是不容易的事情，而要理解别人的活法，成全别人的活法，也同样是不容易的事情。

今天妈妈想跟你聊聊潘佳梅阿姨。

通过"语文湿地"，爸爸妈妈认识了全国各地许多优秀的叔叔和阿姨。他们每一个人的故事，都是爸爸妈妈的财富。因为和他们的相识，爸爸妈妈更加热爱生活，热爱教育。

以后有时间，妈妈再慢慢和你聊，他们每一个人都是传奇，都是爸爸妈妈的榜样，而佳梅阿姨，是让妈妈特别敬佩的一位。

佳梅阿姨的可爱可敬，在于她对自己活法的选择。

这几年，离开体制，到大世界中去闯荡，成了很多老师的梦想。尤其是近两年，更是成了时髦。从"世界那么大，我想去看看"的河南顾少强老师到前几个月辞职写下"天大地大任我行"的苏州史金霞老师，都是其中的先锋人物。

顺潮流而行，是先驱者，是英雄，众人喝彩，举国叫好。

可是佳梅阿姨不愿意顺应这样的潮流，在这样的节骨眼上，她从"广阔天地"回到了"体制"。

初识佳梅阿姨，我就觉得很奇怪，"语文湿地"的活动，来的大都是公办学校的老师，连私立学校的都很少。可佳梅阿姨，居然来自扬州的一个课外培训机构。

对于课外培训机构，我大概是有一些"偏见"的。我亲眼目睹了我的学生被家长驱赶着、被各种培训机构"包养"，活得苦不堪言。我觉得，这些机构几乎都是为钱而来的，挣钱，才是他们的根本目的。

作为这些机构的老师兼负责人，居然自费来参加我们这个草根组织的"纯情怀"的语文活动，你说，是不是另类？

不仅参加，我还观察到，佳梅老师特别投入，特别用心。她是真正来学习的，真正来寻找"组织"的。

不久，我就接到了佳梅阿姨的信，她向我求教：她说，她想放弃她的"事业"——从大学毕业起就已经开始苦心经营了很多年的"优佳学校"，回到体制内教书。

她说，课外教育让她感觉学习的目标太功利化，培训机构所做的教育不是真教育，她希望能做真教育。

妈妈的第一个念头是阻止她。

我说，第一，多少人梦想有自己的课外培训学校啊，你已经经营了这么多年，而且经营得不错，放弃的话太可惜。第二，教育从来都不是一个轻松的行业，公办学校的难处更多，仅仅是应试的困扰，就可以让人生不如死。加之工作繁重，琐杂繁多，自由度不高，待遇整体偏低，职业倦怠反复纠缠，在公办学校要想拥有幸福感，是需要很强大的内心的。

我发自内心地不希望她回到这个围城中来。

佳梅阿姨说，谢谢君姐。

我以为，她听了我的话，但不久，她羞涩地发微信来告诉我，她已经做出决定了，并已付诸实践，她现在在一所民办小学当代课老师。

我惊出了一身冷汗。

这个妹妹，怎么就这么倔呢！

那段时间，因为担心佳梅阿姨，我读了她微信公众号上的很多文字。因为离开，她细细回忆了她的"优佳"的创业过程，记录下了很多难忘的美好时刻。儿子，妈妈真是百感交集啊！佳梅阿姨比妈妈年轻很多，她从大学毕业就走上了自己创业的路，自己找房子，修房子，刷房子，既是校长，又是员工，从一个人，到一群人，把一个课外培训学校搞得风生水起，这是多少老师梦寐以求的事业啊！可是，为了寻找真正的教育，她居然就放下了，说走就走。

我为佳梅阿姨捏着一把冷汗。

我知道，对一个重新回到体制内的"新"教师，她即将面临什么。

那段时间，佳梅阿姨断断续续地告诉我：她所在的学校是当地生源最差的学校……她只能暂时教数学……因为是临时代课教师，几乎没有什么工资……

我心疼得要命，佳梅啊佳梅，你这是何苦呢！自讨苦吃啊！

朋友们的微信公众号越开越多，我忙得快看不过来了，但佳梅阿姨的，我一定会看一看，读一读。

我想知道，在新的学校，她的生命状态到底如何，她开不开心？快不快乐？我心中有隐隐的担忧，我怕我们的教育会伤害这个很有理想、怀着一腔热情的阿姨。

当然更为重要的是，佳梅阿姨是所有写公众号的朋友中，坚持得很好的几个之一，她基本做到了按时推送，原创不断。

儿子，老师们课余写写文章，经营一个公众号，其实是很不容易的。热血澎湃、轰轰烈烈开头的人很多，能够坚持下来的人很少。教师职业，最需要激情，但恰好这个职业，也最容易销蚀人的激情。分数排名的惨烈竞争，学生的顽劣，家长的计较，日常事务的繁重琐屑，学校管理中很多让人无可奈何的弊端都挤压着我们。很多教师朋友，没有几个回合就沦为了教育流水线上的一个零件，激情不再，创造力不再。

可以这么说，一个能够坚持写教育教学手记的老师，一定是强者。他们顶得住巨大的压力，他们的内心一直在沸腾，他们的灵魂世界依旧温柔。

写作，对任何人来说都是一种救赎，都是一种对现实的坚定而顽强的超越。

一个人还能写，他就死不了。

文字还活着，这个人就一定活着。

读佳梅阿姨一篇又一篇的文字，我放心了。

她活得很好，很带劲儿，很投入，充满了热情和活力。读她的文字，我好像看到了二十年前刚刚起步的自己，时时刻刻睁大着好奇的眼睛，对校园生活中的每一个时刻都保持着高度的敏感和纯粹的热爱。只有这样的敏感和热爱，才可能支撑和推动着一个一线小教师，一边从事着繁重的工作，一边把眼前平凡生活的分分秒秒变为诗、变为远方。

佳梅阿姨最近的一次微信告诉我：

> 君姐，悄悄向您汇报，我考上我们扬州的某某学校了。经过考试、讲课、面试，一关一关，连体检我都心惊胆战的，总算结束了一年的代课老师生涯。我算了一下，一年的工资（寒暑假没有）刚好够自己交保险，一年中除了上班签到表有我的名字，其他什么好处都没有我，不过总算熬过来了。君姐四年前的一句话，"要把外面的培训班砍光才好呢"改变了我的命运，我很喜欢现在的样子，虽然满是缺点，没有什么特长，但活得自在。再次感谢君姐，特向您汇报，请您放心！

亲爱的儿子，妈妈读得唏嘘啊！佳梅阿姨，简直成了我的偶像了！她逆流而上的选择，让妈妈惊叹。她选择之后的行动力，让妈妈佩服。她选择从最低处从头开始、咬牙坚持的意志力，让妈妈崇敬。

你看到了，儿子，世界上真的有这样一种人，在他们人生的天平上，钱不是最重要的，甚至连世俗中的自由都不是最重要的。他们只聆听自己内心的声音，他们跟随着这个声音走，他们一定要成为理想中的自己——哪怕他们的追求和现实格格不入。

儿子，成为自己，不随波逐流、迎合潮流，是一件很艰难的事情。

若干年前，妈妈写过一篇文章，讲的是冉雪立哥哥的故事。

雪立哥哥是妈妈最有才华的学生之一。当年高考，他本有资格参加清华大学的保送，但因为外语学校保送的专业主要是英语语言文学，而雪立哥哥热爱的是中国古典文学。在清华和自己的爱好之间如何选择？这对于大多数人来说是不存在困难的。因为世俗文化从来都是引诱着人们最功利化地面对眼前利益，不管什么爱好不爱好，先读清华再说。只要能拿到一流大学的文凭，找到好工作，能挣大钱能当大官就是王道，至于兴趣，且放一边去。

"钱途"就是"前途"，这就是大部分人的"天经地义"的选择，但雪立哥哥最后放弃了让多少人垂涎三尺的清华大学的保送，选择为自己的理想而奋斗。他参加了高考，考取了南京大学的中文系。

现在，他在北京大学硕博连读，学习的也不是热门的专业。妈妈一直鼓励他：坚持倾听自己内心的呼唤，不要总是跟随潮流。成为梦想中的自己，是最有意义的事情。

儿子，佳梅阿姨和雪立哥哥，都是妈妈的偶像。

雪立当年的选择，让妈妈激动不已，我在《成为你自己》中写道：

> 雪立终于闯过来了！我为他喝彩！为他的坚守和成功向老天爷深深鞠躬，谢谢你！成全了一个孩子，帮助了一个孩子成为他自己。

成为自己，本来是天经地义的一件事，是顺理成章的一件事啊，怎么成为自己还要谢天谢地呢？

不，在我们这个社会，成为自己，本来就是一个奢望，甚至是天方夜谭！有太多太多的人，一辈子的成长，就是远离自己，成为他人。

"他人"？！"他人"是什么人？往往就是以世俗的标准来衡量的那些功成名就的人，比如，高官厚禄者、有雄厚的经济实力的人、各种热门行业的成功人士……这样的人，往往成为很多人奋斗的榜样。

因为要成为这样的"他人"，所以，抛弃"自我"便顺理成章了。

从孩子开始，我们就在为成为"他人"而努力：不管资质如何、天性如何，一律向名校看齐，向高分靠拢，为传统意义上的"优秀"拼个你死我活。先在中考、高考的独木桥上杀红眼睛，然后在公务员、财会、商务等热门职业的战场上拼得"尸横遍野"。

哲人说：我不想谋生，我想生活，但对于很多人而言，没有生活，只有谋生，包括许多功成名就者，到死也不知道自己最想干的是什么。这样的竞争机制，早早就让人失去了研究自己的可能性。我们一生下来就被绑架了，被挟持了，被刺刀威胁着走向成为"他人"的道路，不能回头，也不敢回头。

哲人还说：人生最大的痛，不是失败，而是没有经历自己想要经历的一切。自己想要的一切是什么？除了功名利禄，除了房子、票子、车子，许多人根本不知道自己想要的是什么。他们从来就没有机会为自己活啊！

所以，我为雪立喝彩，为佳梅阿姨喝彩。

他们明白：人生的主要使命是使自我成长，成长为与他们的潜能相匹配的人。人生奋斗最重要的成果是他自己的人格，那才是判断一个人是否完成了使命的标准。

雪立哥哥和佳梅阿姨，本来都可以有一个世人眼中的好未来，但他们拒绝了。因为他们更明白：作为原创型性格的人，追求的不仅仅是一种结果，还是一种态度，一种在生活过程中的反应模式和取向模式。他们拒绝用别人的模式思考、用流行的模式选择。他们决心走自己的路，他们要成为自己！

亲爱的孩子，我们活在世界上，诱惑很多，噪声很大。大家都一窝蜂地涌向最能得到世俗标准认同的那些地方。每个人都被各种"热门"绑架，身不由己，深陷其中。往往苦苦挣扎了一辈子才发现，我并不想活成那样，那不是我想要的生活。

儿子，人世间有千万种活法，我们不需要主动把自己放在大众都认同的那台天平上，亦不需要去挤那条人人都挤破了脑袋的路。

每个人都有自己的天赋，每个人都有自己的路。

不是一定要读大学的。

不是一定要挤进热门专业的。

不是一定要活成别人眼中的成功者的。

……

妈妈希望，佳梅阿姨的故事，雪立哥哥的故事，能够给予我们启示：认真聆听我们内心的声音，了解自己，分析自己，然后坚定地做出选择，最终成为我们自己。

妈妈

2017/1/21

一切不以谈恋爱为目标的上班都是慢性自杀

亲爱的孩子：

　　妈妈近期写了一篇文章，被好多叔叔阿姨喜欢，网络上的点击量也超高。妈妈琢磨着，说不定你也喜欢呢，所以，在此把这篇文章送给你。

　　一切不以谈恋爱为目标的上班都是慢性自杀。

　　一切不以谈恋爱为目标的上学也是慢性自杀。

　　妈妈的观点很奇葩是不是？请慢慢读来。

　　文中还会涉及爸爸，你一定会感兴趣的。

一切不以谈恋爱为目标的上班都是慢性自杀

　　敲锣打鼓迎开学，欢天喜地上了班。

　　开会开到屁股疼，讨论论到嗓子疼，跳舞跳到老腰疼（教师节大戏又要登场了），搞各种方案搞到脑子疼……说不累是假的，但说不乐，更是谎话。

要是让人瘫床上狂睡，睡三天还行，让你睡一周，你试试！赖沙发上看肥皂剧，看一个星期还行，让你连续看一个月，你试试！壮丽江山万里行，旅游，够惬意吧，你旅游十天半月还行，旅游20天以上，你试试！那就躲在三亚晒太阳吧，神仙一般，晒一个月还行，让你连续晒仨月，你试试，你是神仙还是神经……

人活着，必须得干活。一干活，各式胡思乱想自动屏蔽，各种疑难杂症不治而愈。干活干活，一干事就活。古人造词，实在是高明，不服不行啊！

昭君（注：朋友们对王君的昵称，后同）亦是如此，所以干活干得欢腾，一欢腾小宇宙就砰砰砰爆发，各种奇思妙想层出不穷：活要干得漂亮，关键是"活"得漂亮。哪个阶段的人活得最漂亮，不容置疑，秋波已送、芳心正吐、你侬我侬、欲仙欲死之热恋时刻也！

想当年，昭君跟尹老大热恋的时候……我的妈呀，那境界真是高得不堪回首！

总体感觉，人在热恋中，因为爱情，不仅瞬间拥有了十方神器、洪荒之力，而且成仙悟道，坐地参禅，人若佛陀，明心见性啊。

一是因为爱情，学习力创造力剧增。比如《诗经·关雎》中那个单相思的男子，爱上一姐，爱得"寤寐思服"，爱得"辗转反侧"，可人家姑娘愣跟没看见一样。这家伙，痛苦得不要不要的。终悟：不提升实力，不更换硬件，不强大自我，在美女面前，根本没得玩。可自己，当年跟父母叛逆，和老师较劲儿，砸琴毁棋，一无长处。怎么办？好家伙，毅然化悲痛为力量，狂上补习班，狠补艺术课。短短时间，对爱姐，就能"琴瑟友之，钟鼓乐之"了。《关雎》没说这个爱情故事的结局，但我很看好这男子。这等学习力，抱得美人归，大概是早晚的事儿。

因为爱，所以学；因为恋，所以练。高啊！

后来看《那些年我们一起追的女孩》《致青春》等，其中胜算最大的泡妞技巧，并没高出《关雎》多少，顿时放心。恋爱提升学习力和行动力，此类技巧，老祖宗已经开发得差不多了，应该当作传家宝，代代相传，万古流芳。

二是因为爱情，能够秒杀一切"困难"。当年老公在内江师专读书时，重庆到内江尚无高速公路，更无高铁快车，只有慢得像蜗牛爬、挤得像蚂蚁窝的闷罐慢车。我一妙龄佳人，落魄于铁路江湖，手无寸铁，节节败退，常常被汹涌人流逼退到厕所内外，或金鸡独立，或席地而坐，才能勉强自保。每次相会，无一不是九死一生，刻骨难忘。

但是，俺恋爱中人，根本不屑走寻常路。九九八十一难，难难都是真经。风萧萧兮长江寒，壮士一去兮又复还。雄关漫道真如铁，而今迈步从头越。我越走越来劲儿，因为爱情，我不仅给铁路部门做出了巨大的贡献，而且还有在厕所门边不能动弹身体只能动弹大脑的经历，直接影响了青春期世界观的形成——厕所之门，也是天堂之门，从此乐观潇洒，百毒不侵。

三是因为爱情，发现了自己的生活美学——像奴隶一样劳动，像蝴蝶一样生活。我跟尹老大谈恋爱，正是家里负债累累、吃回肉都肝颤的时候。不说上馆子，连喝杯茶，看场电影都有压力，怎么办？只有聊大天、压马路最没有经济负担，所以，天天压马路聊大天。我的天啊，那时候，重庆市綦江县[1]夏季气温高达42度，暑气蒸人，大街上连条狗都没有。我们两个高等动物，手牵手压了马路爬六角亭，根本不觉得热。一天下来，浑身都是晒伤，且状如黑人，居然还是觉得心旷神怡、甘之如饴、日子美好得像一首诗。

什么叫"一切景语皆情语"，以前老师都没有讲明白，但压马路的那个时候，我全明白了。从此以苦为乐，热爱生命，超越自我。

1　綦江县：2011年10月，撤销重庆万盛区和綦江县，设立綦江区。——编者注

越在困境中，越像打了鸡血，百折不挠，越挫越勇，而且，我见世界总妩媚，料世界见我亦如是。在42度高温之下，美学哲学不修自成。

……

总之，因为爱情，我们变得"不要脸"了，"不要命"了，啥都敢想，啥都敢做了，而且，啥都敢不要了……佛说要"放下"，平时哪里放得下，但人一恋爱，就立刻变通通透透了。见过那要美人不要江山的吧，可不是一个两个。见过那为了美人跟家庭决裂跟自己诀别，割腕割喉抹脖子上吊的吧——这些故事在古今中外的有字之书无字之书中也是排着大长队呢——甚至连一介文弱书生、孝子贤孙焦仲卿之类都干得出来，所以，人一爱，就"放下"得很彻底。

人在爱情中的那个境，真是高到一辈子不可复制的境界。

……

所以，试想一下恋爱精神，是什么精神？

主动性会爆发到什么程度？

创造力会爆棚到什么程度？

人品会改变到什么程度？

幸福感会增值到什么程度？

……

只是一想，我就春心荡漾，热血沸腾，恨不得马上回到18岁，再来那么一家伙，过过干瘾，但想想自己即将六八佳人，色衰而爱迟，能不被尹老大休了就应该阿弥陀佛了，再做他想，实在是不识时务，自掘坟墓就算了吧。

转念一想，其实男人哪里靠得住？最靠得住的，还是工作。

你跟工作示爱，工作绝对不会冷落你。

你跟工作多抛几个媚眼，工作绝对懂得起。

你跟工作山盟海誓，工作绝对不会阳奉阴违，跟你玩心眼，甚至中途变心。

你就是变了工种，那也没有关系。工作这家伙，视每一个人为结发之妻。你就是改嫁 18 回，只要你肯投入，它都不会嫌弃你。

比起男人，工作绝对忠诚，绝对坚贞，绝对宽容，绝对高富帅，绝对富 n 代。

只要靠上工作这个"大款"，任何一个女人都可以活得理直气壮、活色生香。

对此，昭君和写出了《干法》的稻盛和夫居然有完全相同的领悟。他说：如果你还不肯抛弃"工作是别人要我做的"这种不恰当的意识，就无法从工作中解脱出来。恋爱中的人再辛苦也不觉得苦。只要学会了和工作谈恋爱，你的良性循环就开始了。

稻盛和夫，何许人也？他是日本经营四圣中唯一健在的一位。27 岁创办京瓷，52 岁创办日本 KDDI 电信公司，这两家公司都是世界 500 强。2010 年，他以 78 岁高龄接管了即将破产的日航，只用了短短 10 个月，就让日航扭亏为赢。

这老人家说的话，昭君好喜欢。他说：理解工作的意义，全身心投入工作，你就会拥有幸福的人生。

他说：人生中最重要的一个决定就是先埋头工作。

他说：工作不仅仅是为了赚钱。人生总是被"贪嗔痴"三毒控制，要想减少这三毒，最好的办法就是"愚直地、认真地、专业地、诚实地"投身于自己的工作。长此以往，人就能很自然地抑制自身的欲望。

他说："神"的启示就是"神看到我那样拼命工作，那样苦苦思索，神可怜我，赋予我智慧。我想事情只能这样解释。"

他说：即使在苦难中，只要拼命工作，就能带来不可思议的好运。很多看起来是不幸的经历，其实是人生的幸事。

他说：物质有"可燃型""不燃型""自燃型"三种。人也有三种：

第一种：点火就着的"可燃型"的人。

第二种：点火也烧不起来的"不燃型"的人。

第三种：自己就能熊熊燃烧的"自燃型"的人。

自燃型的人勇于提出问题并解决问题，永远工作在"漩涡中心"。所以，往往取得更多的成功。

他说：工作要不断设立高的目标，要努力追求完美。

他说：首先要敢想，如果连想都不敢想，要做到就更不可能了。只要坚信，这种愿望就会成为愿力，会成为你的潜意识。机会就会降临。

他说：人有豹子和牛两种。豹子的速度很快，但创业比拼的是牛最擅长的耐力。

他说：当年我们弱小时，对松下公司的所有要求，二话不说，照单全收。然后自己想办法从根本上削减成本提高质量。就这样，当京瓷开始面向全球市场的时候，几乎没有对手。感谢严苛的松下培养了我们。而当年不断抱怨的供应商，逐渐被历史淘汰。

他说：工作结果 = 思维方式 + 热情 + 能力。

正确的思维方式有哪些呢？

1. 积极向上，具有建设性；

2. 善于与人共事，有协调性；

3. 性格开朗，对事物持有肯定态度；

4. 充满善意；

5. 能同情他人，宽厚待人；

6. 诚实、正直；

7. 谦虚谨慎；

8. 勤奋努力；

9. 不自私，无贪欲；

10. 有感恩心，懂得知足；

11. 能克制自己的欲望；

……

他说：只要你拥有以上的思维方式，你的人生即使不能拥有财富和地位，至少也会生活得充实和幸福。

他说：和工作谈恋爱，过好每一天，就是成功之道。

我喜欢这个老头的说话方式。他是癌症患者，已经90多岁了，还依旧活得漂亮。这我理解，一个永远在恋爱中的男人，就算800岁了肯定还是帅哥。

为此，我特地做了归纳提炼：

一切不以谈恋爱为目标的上班都是慢性自杀。

让我们向老稻学习，天天谈恋爱，永远谈恋爱，长命百岁地活，天长地久地爱。

亲爱的儿子，你还没有恋爱，读这篇文章，是不是还有些不适应。那就请做好恋爱的准备吧。以恋爱的状态来学习和工作，生活就分外的有劲儿、分外的甜蜜呢。

儿子，其实，妈妈也是想告诉你，投入地学习和工作，本身就是一种恋爱，是很高层次的恋爱，不需要异性参与的恋爱。

祝愿我们的儿子，能够享受到这些爱的幸福。

妈妈

2016/8/31

第四辑 ○ ○ ○ ●

来自休闲中的妈妈

你就算天生霸星，也仍需经历千难万险

——和儿子谈谈《芈月传》

亲爱的孩子：

妈妈终于看完了《芈月传》。好长哟！81集！跟以前追剧一样，大部分是"听完"的。做饭的时候听，洗碗的时候听，跑步的时候听，走路的时候听。呵呵，只要善于利用时间，81集也不在话下。人生在世，干啥都是长征，追剧也是。追剧长征，其乐无穷，而且还不耽误正事。

网上对《芈月传》骂声一片，我倒觉得《芈月传》挺好看，比《甄嬛传》好看。对这类连续剧，妈妈不苛刻，没必要跟它较真，也不要求它有多高大上。太高大上的东西，妈妈也消受不了，比如《刺客聂隐娘》，妈妈觉得就太过阳春白雪，我的审美跟它还有距离。《大明宫词》《芈月传》一类的恰恰好，故事讲述、人物塑造、语言镜头等等，都还算雅致。郑晓龙的作品，再差也差不到哪里去，而主演孙俪，属于我第一眼就喜欢的演员。十多年前她演《玉观音》时，刚出道，还没什么名气。我和爸爸偶然看到，便都说这个演员肯定有前途，后来果真是这样。类似的还有蒋雯丽，年轻时出演《牵手》，便被爸爸和我一致看好，后来证明我们的眼光还不错。所以，看电影和看电视连续剧，挑挑导演和演员，质量更有保障，更符合自己的"胃口"。

妈妈觉得，其他的不说，一部电影，一部连续剧，能够让自己看得欲罢不能，就算好片子。现在，让妈妈看着看着就睡着了的电影电视连续剧实在太多了啊！

看剧，看出了牵挂，看出了感情，还能说啥？感恩吧！感恩郑晓龙，感恩孙俪、刘涛她们，让我们在一地鸡毛的凡俗生活当中，又痛痛快快提心吊胆了一回，大悲大喜了一回，痛哭流涕了一回。而在平时，坚强惯了的妈妈很多时候真的想哭都哭不出来了啊！在别人的故事中当一回剧中人，领受生命之悟，也是挺有意思的事。

看完这部长剧，妈妈想跟你聊聊我的感受，有两点，我觉得值得跟儿子说说。

一是关于天命。

芈月是天生霸星，她还在妈妈肚子里，上天就降祥瑞，预示这个生命的出生将大有作为。事实也证明，芈月还真是"霸星"，从降临人世开始，她的一生就起伏跌宕，经历万险，深陷绝境无数次，而皆能逢凶化吉，死里逃生。最后她帮助儿子成就王业，成为古今太后第一人，为大秦统一天下吹响了号角。

儿子，不知道你怎么看这个故事，你会不会跟有些人一样有同样的想法：芈月的成功，是因为她的命——她本就是霸星的命，所以，不管她如何活，最后都能成为太后。她命中有，所以，成功是必然。

这样的逻辑，粗看不是没有道理，但细细一琢磨又觉不对。

芈月的故事，使我想起了安徒生的那个著名的童话故事——《丑小鸭》，你很小的时候就听妈妈读过，后来你上小学读中学，这个故事又反复出现在教材中。可以说只要是个人，读过几天书，就没有不知道这只小鸭子的。妈妈做语文老师，届届都跟学生讲这篇课文，主题当然清晰明白：学习丑小鸭的精神，通过坚持奋斗变成白天鹅。这样讲啊讲啊讲了好多届，一直讲到2004年，一个叫许菁的小女孩突然跟妈妈叫板了：老师，你讲得不对，丑小鸭本来就是白天鹅，只要它不死，长大了就肯定是白天鹅。你骗我们！丑小鸭的成功跟奋斗无关。

当时我一听就傻眼了。是啊，天鹅蛋不幸落到了鸭蛋堆里，但天鹅蛋就是天鹅蛋，小天鹅只要不死，长大了自然就是天鹅嘛！这个鬼丫头的问题困扰了我好一阵子，弄得我失魂落魄的。我该如何向孩子们解释呢？

后来一个偶然的机会，我读到林清玄的《心中的天鹅》，才释然。

林清玄在散文中记录了他在欧洲的见闻，其中就包括人是如何把天鹅变成鸭子的。在中世纪，贵族们的做法很简单：剪掉天鹅翅膀上的部分羽毛，让它的翅膀不对称，它就飞不起来了。或者还有更简单的方法，天鹅起飞是需要助跑的，就像飞机起飞需要跑道一样。这些贵族把天鹅关在很小的河塘中，天鹅没有足够长的助跑跑道，永远飞不起来，慢慢地也就不会飞了。现在的公园里，也有很多不再是天鹅的天鹅。它们在人的庇护下，没有危险，不用觅食，食宿无忧，悠游自在，渐渐地，这些天鹅也不用飞了。

不再飞的天鹅，还是天鹅吗？徒有天鹅之形，却无天鹅之神了。甚至，因为长期不飞翔，饱食终日又无所事事，这些天鹅生活慵懒、体态臃肿，连天鹅的身姿气质都没有了，它们真正变成了肥肥大大、摇头晃脑的"鸭子"。

儿子，林清玄的散文让妈妈豁然开朗。文学意义上的天鹅和生物学意义上的天鹅是两个概念啊！如果我们纠缠于生物学意义上的天鹅，那就和文学创作的初衷隔了十万八千里了。

回过头来，再看芈月的故事，也是一样。"天命"很像那一枚天鹅蛋，上天注定芈月有成为天下霸主的命，就像丑小鸭长大了肯定是白天鹅。如果按照生物学的观点，丑小鸭保住了命就算成功，芈月入主宣室殿、掌握统治大权就算实现了这个"命"，真有这么简单吗？

我们可以推论，丑小鸭如果选择了苟活，而不是在一次一次的被动逃亡和主动选择之中慢慢健全了自己的心智，强大了自己的灵魂，那么，就算它长成了天鹅之躯，它也很难有天鹅之神采。而芈月呢？如果不是在残酷的宫廷斗争和颠沛流离的逃亡生涯中得到了艰苦卓绝的历练，视野拓展，心胸打开，能力精进，志向成长，那么，就算天命助她坐上了宣室殿的宝座，她又能坐多久呢？事实上，嬴荡、楚怀王等这一类人都有天生帝王的"命"，都顺理成章地成了最高统治者，但他们有了天鹅之形，没有天鹅之心，最后还是被打回原形——你是一只丑小鸭，就算披上了天鹅的袍子，你还是飞不起来。

所以，儿子，我觉得，《芈月传》其实也是一个隐喻：就算你是天生霸星，你也还是得经历千难万险。这就像《西游记》，有人说，孙猴子一个筋斗十万八千里，几个筋斗就到了西天，干吗让他走得那么辛苦？如果用这样的实用主义的观点来看，那就没有《西游记》这个故事了。西游也好，芈月也好，它们的创作者都在讲同一个道理：生命的轨道已经铺就，终点在那个地方遥遥招手。每个人都有自己的命和运，无限靠近这个命和运的过程，就是人生。人生确确实实就是修行，修得一颗配得上我们的命和运的好心。

呵呵，儿子，我不懂政治，对此也不感兴趣。我们轻松一点，暂且先把《芈月传》当成励志剧来看吧。我们游戏一回：假设自己就是天生"霸星"，我们都有成功的天命。我们像芈月一样，带着这样的天命，在生命的水深火热中百折不挠，永不绝望。我相信，这样的历练，这样的坚持，才能保证最后坐进生命的"宣室殿"的是一个最好的自己。这样，我们才能掌控大局，让生命的体验丰富到极致。

亲爱的儿子，第二个关键词，我想说的是善良。妈妈是小女人，我不懂政治，更讨厌权谋。在电视剧中，我更愿意看到的，是人性。

我觉得，《芈月传》也是一个关于善良的寓言。

宫廷争斗，首先的牺牲品，就是善良。

后宫里的女人，朝堂上的男人，争权夺位，争名夺利，多半都无法善良，但两个女主角，芈月和芈姝，是例外。

芈月和芈姝，开始都很善良。虽然芈姝是嫡公主，身份高贵，集万千宠爱在一身，芈月是最低贱的公主，从小就备受欺凌，但两个女孩，在生命的初始阶段，都冰清玉洁，纯良友善。她们相亲相爱，甚至可以为对方抛弃性命，是一对牢不可破的铁杆姐妹。她们互相扶持，一起走过了难忘的青春岁月，但可悲的是，婚姻是女人的名利场，一旦成了后宫女人，为了保住自己的地位和儿子的地位，芈姝把青春的誓言抛得干干净净，没多久就变成了心狠手辣的弄权妇人。当然，这样的妇人最后也被自己害死了。

顺便说一句，那个从小就不善良的芈茵，也是公主，长得异常漂亮，但活得最难看，也死得最惨。"公主"这两个高贵的字，不能保证每一个拥有它的女孩都有公主般高贵的心。

编者讲故事，还是在宣扬正确的价值观。芈月美丽聪慧，从形象到头脑，都非常人可比。优秀的男人，无不拜倒在她的石榴裙下，但导演塑造这个人物，用了更多的镜头表现她善良的力量。芈月每往前走一步，几乎都有"善"的作用，她是唯一一个"以最初的心，做永远的事"，到死也没有失掉良善之心的人。救助张仪，悯惜白起，疼爱兄弟，善待下人……就是在最倒霉的时刻，她也还保有一颗温柔的心，而后来，每遇大事，身临绝境，解救她的，都是曾被她的善感召过的人。

芈月最大的善，是她的"不争"。居深宫临乱世，这个姑娘永远知道自己最想要什么。她要骨肉团聚，她要爱情，要温馨安定的生活。在以索取、霸占为目的的宫廷中，她一直在退，一直在舍，也因为如此，在生命的早期，她才能躲过许多浩劫，在宫廷争斗的枪林弹雨中生存下来，留下了后来不能再退、不能再舍的青山——生命！

可以说，芈月的成功，是美貌的成功，是智慧的成功，也是善良的成功。

当然，儿子，除了普遍人性意义上的善，很多时候，"善"也可能会被其他因素干扰和控制，甚至被绑架。看《芈月传》，妈妈哭得最多的是两处：一处是芈月再一次拒绝了黄歇，带着儿子回秦国解救国家于危难之中。镜头前黄歇一身的落寞和失落，目送心爱的女子又一次远去，而且，从此天涯永别。芈月在车里哭得稀里哗啦，妈妈拿着手机也哭得稀里哗啦。作为女人，我是懂芈月的，我同情她对黄歇的"不善"和狠。有多少爱可以重来？错过了，就算再相逢，也是物是人非，人生哪里可以像机器死机一样重新启动！义渠君死去的那一幕更是让人揪心，妈妈真是哭坏了。孙俪演得很好，演出了一个女人的挣扎。一个女人，她还能怎么样？为了国，她只能放弃家，放弃爱人，放弃爱情……我宁愿相信我所看到的一切都是来自她女人的因子，而不是女政治家的权谋。我理解生命的残酷：爱和善，也有大爱小爱、大善小善之分，具体到生命个体，势必有所取舍。芈月为义渠君之死的吼叫、哭喊、昏厥、自闭和一夜白头，都是一个最后嫁给了江山而不能同时嫁给爱情的女人最深的忏悔。因为有了这些忏悔，我便觉得，芈月的善保持到了最后一刻。

亲爱的孩子，看《甄嬛传》《芈月传》这类故事，我感慨挺多：一是感恩我们出生于普通人家，可以过平平安安的小老百姓的日子。帝王权贵家的争斗看多了，发自内心地觉得老百姓的日子有自己的幸福。粗茶淡饭简陋些，但日子也简单纯粹，实在应该珍惜才对。二是看到虽然出身不同，但人的成长"大道"还是相同的。血统决定不了生命走向，哪样的人都必须拼搏必须坚持方能不负天命。从来没有随随便便的成功，每一个人的成长史，都是血泪史。从这个意义上来说，人，生而平等。

那么，亲爱的孩子，且把自己当成天生霸星。珍惜自己的天命，认真去行走，好好去奋斗，通过努力无限接近那个最好的自己。好好活，好好爱，永远相信善良的价值，永远做一个善良的人。

右手奋斗，左手善良。孩子，用这两只手支撑你的人生，你的命就会是好命，你的生活就会是幸福的生活。

妈妈

2016/1/11

爱，才是我们的生死劫

——和儿子谈谈《花千骨》

亲爱的孩子：

其实妈妈开始没有计划看《花千骨》，神幻也好，玄幻也好，仙侠也好，怎么都觉得应该是你们那辈人才痴迷的东西。我们这些四十多岁的"老女人"，还是应该更成熟些才对。后来春霞阿姨写了一篇文章叫《我眼中的花千骨——王君》，我觉得如果不看看这部据说是网络点播量惊人的仙侠剧，就对不起春霞阿姨了，于是就看了。其实，大部分时候是"听"了，跑步的时候听，走路的时候听，做饭洗碗的时候听，硬生生把大部分听完了。

整体感觉还是不错的，我看了有一个感受：我们的生活，还是需要这些肥皂剧的。看那一群群颜值颇高的演员卖力地表演，怎么的还算是赏心悦目。日常生活难免繁杂，这些可以混时间混眼球的"艺术作品"，可能艺术本身的含金量不高，但我们这些草根小人物，其实也消受不了太艺术的东西。看看花千骨和师傅的情深虐恋，也勉强算是日常庸碌生活的诗与远方，起码可以笑一笑，放松放松。意义，总还是有的。

儿子，如果非要让我说点儿什么，我的观后感就一句话：爱，才是我们每一个人的生死劫。

我是女人，我把《花千骨》完全当作爱情剧来看。且允许妈妈站在女人的角度，跟儿子唠叨一下这部电视连续剧，说说我的感受。

第一，爱，是不可以被战胜的。

《花千骨》讲的是一群年轻人要修仙、中年人要修圣的故事。赴长留修仙，拥有仙身，是以花千骨为代表的一代年轻人的梦想，而已得仙身，渴望更高修为，正派要护佑世界，邪派要称霸世界，是白子画、杀阡陌一干人等的梦想。我们说《花千骨》讲的还是人的成长故事，不为过，但修仙的故事，最后全变成了"修情"的故事。

学点儿仙法技巧容易，但情关难过，情关才是一个人（包括仙人们）最艰难的修炼。

情之修炼，难到何种地步？

对初学者而言，要修仙，便要"绝情"。初入长留的年轻人们，首先就要经历"三生池水"的考验。如果动情，痛彻心扉；情根太深，便是没有慧根。你看故事里的那些各个档次的"神器"，什么断念剑、不归砚、幻思铃，全都在昭示修仙路上的潜规则：心念的纯净、处子的情怀，是成仙成圣的基础。儿女情长，是修行的阻碍。不"断"，成不了大器。

就如白子画那样的高手，也在终生保持对自己"动情"的警惕。所谓"世尊"级别，就是已经修得了"只有对错，没有爱恨"的无情爱之心。你要护佑世界，你就得看淡儿女缠绵。你要真成大器，就要修得不情之身。

这其实不是仙界的潜规则，而是"明规则"。看来，仙界千千万万年的共识就是：爱情这玩意儿，害人不浅，惹不起，躲得起。为了让后辈小仙们更能发扬光大仙界的高大上追求，前辈们倾心相授的成长秘笈之一就是"灭人常，绝情欲"。孟子说"食色性也"，因为如此，所以孟子再伟大，归根结底也只能是个凡夫俗子，他身上的烟火气太重，他成不了"仙"。

我猜想《花千骨》的作者应该深受金庸的影响。绝情池与绝情谷，断念剑与需要自宫才能练习的辟邪剑谱、葵花宝典，等等，无不一脉相承。人世千万年，女人是祸水，情爱是浩劫，看来是仙神共识。

可笑的是，到最后，谁都跨不过那一泓绝情池水。任你道行深浅，最后全部投降，统统倒下。情关面前，尸横遍野，青冢累累。

只有一个霓漫天，似乎终生未得到自己的爱情，但也是这个霓漫天，死得最难看、最不堪。没有爱情滋润的女人，即使不死，也成了僵尸。

千骨冲破了洪荒之力的封印，化身为妖神，拥有了主宰一切的能力，但她唯一不能主宰的就是对白子画的爱。最后她以身殉爱，死也要听到白子画认定对自己的爱。她为爱飞蛾扑火，决绝得让人唏嘘流泪。是，妖也好，神也好，在一个"情"字面前，全部都得低头。

邪派如杀阡陌，可以杀人不眨眼，可以自爱自恋到变态的地步，但称霸世界的野心，在一个小女子面前，依旧无可搁放。最后他以全部的功力为代价，以自己视为高于一切的美丽容颜为代价，为拯救千骨出蛮荒，孤注一掷，死而无憾。

最具深意的当然是白子画，不知为什么这个高颜值的男人一出现，我就浑身不舒服。这家伙帅成那样，但脸上从来没有笑容。何以琛在其他人面前没有笑容，但和默笙关起门来独处二人世界时还是笑容可掬的。所以，何以琛外冷内热，但这姓白的家伙不是，永远冷冰冰，像根生铁。我很为千骨不平，花样女子，倾城之貌，偏偏对着这么一张万世冷脸，永远拿自己的热脸往人家的冷屁股上靠，还死心塌地。

据说白子画这种就叫作"极高的修为"。男人练到这份上，就可成为世尊，就可成为掌门，也只有练到这个份上，才能动辄影响武林，号令天下。

先辈们就是这样教育我们的：江山和美人，确实不可兼得，但结果还是很让我们这些小女人欣慰：帅酷如白子画者，最后还是"断了念"，走上了不归路：要美人，弃江山。掌门不做了，长留不回了，只做鸳鸯不羡仙。

我觉得真好，就应该这样！当个掌门有啥意思？绝情殿空得像冰棺，哪有你侬我侬有情有趣？

白子画最后的觉醒，应该是在昭示作者果果的情感观：爱，是不可以被战胜的。我们来到这个世界，求爱不求仙。没有爱情的生命，没有爱情的成长，缺乏意义，没有质感。

第二，爱，又是每一个人的生死劫。

爱情这么重要，但要修得好爱情，又是多么难，比修仙难，比成圣难，难千倍万倍。

《花千骨》的作者果果，是深谙其理的。

她编故事，把一切全搞乱来编。乱得让人眼花缭乱，扑朔迷离，绝处不逢生，生处有悬崖。

每个人，都爱得那么累，那么惨。

千骨因为太真、太善、太美，她几乎得到了所有人的爱：皇帝的爱，能臣的爱，邪教圣君的爱，上古妖神的爱……谁都爱她，可她偏偏谁都不爱，她只爱白子画。可这个姓白的家伙，又偏偏是个千年万年的"铁石心肠"，非千骨用生命的代价来呼唤不觉醒。虽然最后结局尚可，但总让人看得心疼，为千骨不值。人生苦短，为心中一份执念浪费太多时间，付出巨大代价，辜负了韶华时光，如玉容颜，想想都有揍那白子画一顿的冲动，但转念一琢磨，千骨不是最惨的，最惨的是那少年白头的孟玄朗，为爱殉身的东方彧卿，躺在冰棺里的杀姐姐……这些人爱千骨一生一世，最后呢，灰飞烟灭，啥都没有捞着，一辈子白忙乎了（虽然有意义，还是白忙乎了）。这让我想起《神雕侠侣》中的郭襄、公孙绿萼一干人物，都爱杨过爱得痴狂，但绝情谷一面误终身，风陵渡口一面毁青春，毁得彻彻底底。

看到最后轻水因执爱成癫，变成疯子，紫薰上仙因为爱白子画不得而性情大变露出狰容，感动之余还是有更多叹息。何必呢？何必啊！不值得不值得嘛！

《花千骨》中几乎最后所有人都把自己变成了爱情的祭奠品，毁灭了自己，成全了情爱，印证了"我爱你，可以与你无关""爱情的最高境界就是奉献"，等等旷世真理，但我还是觉得硌心。

我从骨子里不喜欢这样的虐情。我又想起了《泰坦尼克号》和《唐山大地震》，当初讲这堂课，我让大家比较两场惨剧中的情爱故事，结果被一帮人狠骂。他们陶醉在《唐山大地震》中的"30年走不出情爱废墟"的虐恋中，为元妮贞妇一样的选择感动。我很不齿，我还是愿意世间恋人如杰克和露丝，在生命的最后一刻，祝愿自己的爱人获得最好的爱情和生活，并且用实际行动呵护这样的承诺。骂我的人说我搞乱了中西方的文化背景，我说啥文化背景，人都是一样的。有些可恶的男人恨不得自己的老婆就是那元妮，自己变成鬼了自己的女人也最好变成活死人。这是虚伪男人们的阴谋，我们女人千万要警惕。

看《花千骨》，我前所未有地感受到两情相悦的美好和神圣。

十一最后为唐宝而死，我觉得有价值，因为他们相爱。其他的，为不爱自己的人而死，当然感天动地，但不值。这样的代价，是社会的巨大消耗，更是自我生命的巨大消耗。如果轻水是我女儿，我不希望她这样。

生命，要"浪费"在美好的事物上；爱，要献给爱自己的人。

一方的付出再美好，只有呼唤，没有应答，那就太残酷。

打住，停止，世间最大的执念，就是爱上不爱自己的人。打不住，停不下，如花生命，便成"千骨"。不说毫无意义，但意义寥寥。

爱，真是我们的生死劫，要破这劫数，须冲破执念。所谓洪荒之力，其实不过是懂自己，爱自己，懂别人，也爱别人的力量。爱那个爱自己的人，至于其他，该放手就放手。这才是真正的修仙，和真正的得道。

世间不可能有什么绝情池水，但"绝情"的力量应该成为每一个理性的人的力量。"忘情"于两情相悦之情，"忘情"于单思苦恋之痛。懂了两个"忘"，才能成为自己的"世尊"，"掌"自己的幸福之"门"。

亲爱的儿子，这就是妈妈看《花千骨》的感想。

妈妈今早起床，花了一个多小时匆匆写就这些散乱文字，边写边为自己庆幸：还好，我爱之人，都是爱我之人，我爱之人，若不爱我，我潇潇洒洒走了就是。生死劫生死劫，一念之间为生，一念之差为劫。我不希望我的生命之中有什么白子画，高不可攀，要用命去换。我不修仙，我就不"长留"。红尘滚滚，柴米油盐，让我就做一个凡俗女子。简简单单，清清爽爽，敢爱敢恨，活够一生一世，不求来生来世。

我觉得，比之花千骨，我的命更好。不知春霞阿姨可理解否？不知儿子可理解否？

亲爱的宝贝，你的青春期即将到来。走进爱情，走进婚姻，是每个人生命的必然，妈妈的爱情观，就放在这儿了。如果有一天，你感兴趣了，再来读读，如何？

妈妈

2015/9/22 晨

因为爱，所以将就
——和儿子聊聊《何以笙箫默》（上）

亲爱的孩子：

今天妈妈又想和你聊聊爱情。

前些日子和小李阿姨聊天，她困于一段单恋，出不来。她说：如果这个人在你的生命中出现过，那其他人就都成为将就，我不愿将就。

当时我觉得，这个阿姨真是有意思，太"执"，太"痴"。这样的"执"和"痴"，伤己，亦害人，但人在年轻的时候，总是以这样的"执"和"痴"为荣的。不经历世事和风雨，你很难说服她。

赴美期间，我恶补各种电视剧和电影，妈妈才知道，她的这句话其实是《何以笙箫默》中的一句重要台词，是何以琛讲给何以玫的话，以此表明心迹——赵默笙曾经在我的生活中出现过，她是我心中唯一的女孩，所以，其他人都是将就，但是，我不愿将就。何以琛希望妹妹能够理解自己，结束对自己的单恋。

现在，已经很少有电视剧能够吸引我了。如果不是一位有见识的友人强烈推荐，我大概是不会去碰这么冗长，且开头就这么缓慢的爱情肥皂剧。或者说，对那种要死要活的爱情，我现在也不感兴趣了。不说心如止水，但起码也算走遍感情的千山万壑。到如今，彻底明白流年似水、岁月静好的道理，只愿意守着你爸爸和你平平淡淡才是真了，但《何以笙箫默》真算好看，我是怀着中年人高度的理性来欣赏这个故事的。我知道，在现实生活中，根本没有何以琛这么完美的男人，也没有赵默笙这么单纯善良的女子。世俗中的爱情，哪里经得起七年漫漫红尘的雨打风吹，就连七个月的坚守，也难啊，但因其没有，或者少见，所以，这个故事才显出珍贵。钟汉良和唐嫣的表演还是让人入戏的，这样的故事，在闲暇时当作消遣，算是对尘世中庸碌繁忙生活的一种补偿、一种渲染，也还是有意义的。

我特别想对小李阿姨（当然，也想对你）说：何以琛说自己"不将就"，其实，他的"不将就"的背后，全是"将就"。

"将就"有两个重要的含义：一是"勉强"，二是"迁就"。在我的老家，说"将就"的时候，"迁就"之意往往胜过"勉强"。

大学时代，他选择赵默笙，本身就是一种将就——他将就了自我的需要。古语说"郎才女貌"，何以琛这个"郎"，不仅有才，而且也有貌，周围人对他的爱情选择，期待值非常高。他确实也有极大的选择空间，但最后，他选择的是在当时看来貌不出众、才能平庸的赵默笙，让众人都跌了眼镜。其实，这很好理解，何以琛不"将就"传统的世俗标准，他太知道自己需要什么样的女人。何以琛少年孤苦，寄人篱下长大，内心极度的冰冷、敏感。他的成长不是个体的成长，是一个家族的复活。这个男孩子，肩膀上有太重的担子需要担起，心中有太多的沉重需要释放。他的勤奋、成熟、理性、坚硬，都是他的抗争，他的武器。事实上他活得太庄严，太累。这样的一个男人，极需要一片温柔恣肆的海洋来融化自己内心的坚冰，来柔化自己的冷漠。所以，他选择单纯热情甚至有点儿笨笨的赵默笙。跟这样的女子相处，他一定是放松的，自由的，具有绝对掌控力的。他不需要跟自己的女朋友耍心眼，也不需要小心翼翼地去呵护一个公主。何以琛是一个足够聪明的男人，他不再需要一个同样聪明的女子。他要过自己的日子，而不是过给别人看，应该说，他摒弃世俗的择偶标准，"将就"了自己内心的需要，也就"将就"了众人眼中的赵默笙的诸多毛病。他的爱情抉择，跟他的人一样理性。

何以琛重情亦专情，很感人，但换个角度看，他周围的那些女人撼动不了这个冰山男人，不是因为她们不够美丽，不够优秀，而恰恰是因为她们的美丽和优秀跟这座冰山相冲突。何以玫高贵雅致，在做人上始终是"端着"的，甚至在最后一刻，她都不肯大胆表白。她其实是热烈的，但这种热烈是另外一种形式上的"冰山"。她的内心世界不肯卑微，不肯"低到尘埃"里。她是公主，但在何以琛隐秘的爱情心理世界中，最不需要的，就是公主，而何以玫之类的女子，每时每刻都在抖搂自己的小聪明，都像孔雀开屏一样在炫耀自己的美丽。她们不懂得将就何以琛的心理需要，那座高寒冰山，其实渴望的只是一炉火，静静地趴在地上，热烈烈地燃烧，把冰山融化成水，一起奔向生活的海洋。

何以琛，这个高高在上的"男神"，其实是一个最需要世俗生活的凡人。可惜，除了生性单纯的赵默笙，其他人，都会错了意。

故事最动人的当然是经历了七年的爱情变故，当赵默笙重新出现在何以琛面前的时候，人事已非，从来没有忘记过默笙的何以琛如何面对一个"千疮百孔"的女人。

导演太高明了，他让这个故事一次次进入"沉默"。在现实生活中，其实默笙可以只用五分钟，选用各种形式，就能清清楚楚明明白白地把这些年的遭遇讲完，然后皆大欢喜，破镜重圆，但如果这样，就不是戏剧、不是故事了。导演偏偏让默笙没有机会说，欲说还休，偏偏让何以琛不想听，不敢听，不愿听，不能听。于是，人物的灵魂世界在这沉默中一一登场展露，各种爱情的质地，纤毫毕现。

我相信，所有的女性观众都被何以琛打动了：这个完美的冰山男人毫无保留地接纳了默笙，接纳了默笙的全部。在不明真相之前的接纳乃是真正的接纳。于是，《何以笙箫默》成了爱情的传奇，我们全部的感动也在这里：一个完美的男人，向不完美伸出了自己的双臂，打开了自己的心灵，爱情的完整弥补了人生的残缺。故事因此而回肠荡气，感天动地，男欢女爱因此而成了一个寓言。《何以笙箫默》因此而超越了一般的情爱故事，观众因为看到了人性美好而沉浸于《何以笙箫默》之中，不能抽身。

儿子，你想过吗？这种人性的美好可能是什么？是忠诚吗？是坚贞吗？是，也都不是。我觉得，还就是"将就"这份情怀。

绝不"将就"的何以琛在面对赵默笙的时候，他的"将就"是惊人的。

"将就"就是接纳生命中的不完美，理解、包容、认同这些不完美。何以琛也有过挣扎，也叫出过"你怎么就知道我何以琛能够接受一个离过婚的女人"。他的内心世界是高傲的，在某一个时刻，他也觉得默笙的已婚和离婚是对自己尊严的践踏。他也痛苦，也彷徨，也愤怒，他用了整整一个晚上来思考，来叩问自己的内心，来抉择。最后，他发现了自己心灵最深处对默笙的爱，他把这爱放在了尊严之上。他觉得自己离不开默笙。他要默笙，他就必须接受这些不完美。他选择了，便担当了。何以琛，很男人，很英雄。

"大将就"的背后，是无数"小将就"。这些"小将就"，同样打动观众的心。这个职场上的成功男人，在老婆面前，温柔似水，如父亲，如哥哥，如情人。生活细节上的贴心呵护，红尘乱世中的智慧应对，全是一个男人对心爱女子的将就。爱她，就全部随她，应她，顾她，护她，一切的出发点都只是她开心幸福就好。导演真是可恶，塑造出这么一个完美男人，让现实生活中的我们情何以堪啊！

而故事中的默笙，更是一个会"将就"的人。大学时代，她对何以琛一见钟情，从此开始她的"爱情将就战"。这是一个完全没有公主病的女孩儿，她大胆表白，穷追不舍，"机关"算尽，天真率性。她靠自己的笨拙热烈反而搞定了谁都搞不定的何以琛，然后，认认真真做一个"听话"的女朋友。何以琛是她生活的轴心，是她甜蜜岁月全部的理由。她围着何以琛转，心甘情愿为何以琛做"女仆"，当"跟班"……她的追随和快乐是发自内心的，是毫无掩饰，无需求证的，没有牺牲感，没有"将就感"，而这种没有"将就感"的"将就"使她和何以琛琴瑟和谐，水乳相融。何以琛要的，就是这样的轻松单纯又热烈的爱。这样的爱，只有赵默笙这样纯良天真的女子才给得起。何以琛没有看错人，默笙的这种品质在漫长的复杂生活中不断得到印证。其实默笙不仅仅对何以琛是这样，对任何人、任何事也都是这样。哪怕岁月赋予了她更多的沉稳和沉默，但她个性中的单纯、善良、包容、牺牲自己而不以此为牺牲的品质从来没有改变。所以，她隐忍、纯善，最终能够得到所有误解她的人的喜欢。赵默笙，是导演塑造的一个天生具有"将就"个性的形象，她迁就着所有人，能够包容所有人的缺点，对男人，对闺蜜，对母亲，对朋友，对同事……所以，她得到了最不容易得到的爱。

"将就"，其实就是不算计，不苛求，不指责，不抱怨，全部地理解，全然地接纳。

最美的"将就"是相互的"将就"，就如赵默笙和何以琛。因为是相互的，所以，才是爱情。一方"将就"，而另外一方不为所动，这样的爱情，也修不成正果。事实上，单恋，本身就是一种"不将就"，爱他，就尊重他，该放手时就放手，就如默笙被何以琛拒绝时说的那句"对不起"，这是很高层面上的"将就"。何以玫如果始终不愿"将就"，继续执着己爱，内心纠缠何以琛不放，这个故事，就惨淡了。她会不会走上或者变相走上李莫愁的路，也未可知。她的觉醒，"将就"了何以琛，放了何以琛一条生路，也彻底拯救了自己。

儿子，"将就"来自最深刻的爱，那是理解生活的不完美，生命的不完美，是懂得每一个生命的成长过程都是受伤的过程。伤痕累累是我们的本来面目，只有爱，能够治愈这伤痛，而治愈之前，必须全部地接纳，全身心地拥抱。

很少有人能够真心诚意地做到这一点，我们总是主动地逃避，或者被动地接受。于是，我们焦虑，我们怅然若失，我们找不到爱情的意义和生命的意义。我们在怀疑、指责、抱怨中度过一生。

我们总觉得自己受伤了，我们忘记了一个最重要的事实：我们自己，也是千疮百孔，伤痕累累啊。我们自己比任何外物都更加不完美。

所以，《何以笙箫默》，是爱情剧，更是生命剧。享受了何以琛和赵默笙的爱情童话之后，儿子，让我们叮嘱自己：不要太"执"，不要过"痴"。学会放低身段去活，学会去认同自己的不完美，更要学会接纳他人的不完美。很多时候，"将就"就是不较真，不苛求，不作茧自缚。"将就"是一种美德，将就他人，就是将就自己。我们的内心多一份将就，生活就多一份平和与圆满。

儿子，这是一部好剧，值得看。有空的时候，你看看如何？

妈妈

2015/2/16

我们等不到何以琛，是因为我们做不到赵默笙
——和儿子聊聊《何以笙箫默》（下）

亲爱的孩子：

你宜宾的罗叔叔发微信跟我说他的老父亲读了我写给你的《何以笙箫默》的影评《因为爱，所以将就》，特别喜欢。他求我再写点儿。

这位罗叔叔是我挺心疼的一个朋友。我希望他快乐，希望他彻底走出精神的阴霾。既然他要求了，那我就再写一点点，算是送给他的开学礼物，也送给你，我的儿子。

《何以笙箫默》我看了原著、电视版、电影版。感觉最好的是电视版，最差的是电影版。电视版并不太"尊重"原著，增加的内容很多，但私以为加得很好。钟汉良和唐嫣的表演可圈可点之处甚多，特别是钟汉良。其实我以前对他了解不算多，但《何以笙箫默》之后，就彻底转粉了。颜值超高不说，表演绝对是实力派，其处理细节的能力是可以用来跟学生讲作文的素材。唐嫣第一眼看去我并不喜欢，但看着看着我就喜欢了。电视中的应晖是硬派

男人形象，也演得不错。不像电影，佟大为一出场我就笑场了，这个角色，他怎么演都不像。

电影也好，电视也好，讲故事是个很难的事儿。导演不会讲故事，再好的素材，再牛的演员都得糟蹋。《何以笙箫默》的原著，电视版讲得是不错的。虽然节奏偏缓，但也还能忍受。电影版故事讲得太仓促，一副落荒而逃的样子，感觉就很不好，但电影时间有限，规矩多，难度大，也是可以理解的。

电视剧《何以笙箫默》我反反复复看了好几遍。有人说这是全世界女人的"幻想"，大家潜意识里都希望找到一个像何以琛这样的丈夫，但何以琛这样的高颜值、专一、多金、温柔，对妻子以外的女人高冷的男人是根本不存在的。也许是这样吧，幻想一下也没有啥错。艺术作品就是凡俗生活的诗和远方。我们哭过、笑过、疯过、傻过以后，还是会老老实实回到现实里守着我们那身材臃肿、不甚有钱、还见色眼开的糟糠之夫继续做我们的黄脸婆和家庭妇女。我们并不沉迷于故事，但我们需要故事。我们偶尔也幻想我们的男人们看了《何以笙箫默》以后，能够稍稍得到一点儿拯救，做出一些改变。你爸爸就坚决不看。虽然不看，但他还是有改变的。现实离理想的距离，随着岁月的流逝，似乎总还是在渐渐近一些，更近一些。所以，电视归电视，生活归生活，我并不绝望。

儿子，我今天只想说一个话题：

在爱情的世界中，根本没有谁输、谁赢、谁对、谁错。谁要是执着于这个，肯定爱不成功。

大学时代，赵默笙追何以琛，被称为"倒追"。男追女，天经地义；女追男，就似乎怎么看怎么有掉价的份儿。赵默笙是富家女，模样也不错，一见钟情爱上何以琛，立马全情投入，疯狂死追。不是悄悄地追，是正大光明地追，轰轰烈烈地追，直追得全校闻名。不是得意洋洋地追，而是"低到尘埃里"的那种追。小姑娘的追法是动人的：跟踪男神，死缠烂打；小恩小惠，秋波明送；死啃法律，寻求共同语言；闯进辩论社，甘做小跟班……可以说，凡可追之法，均已用尽，其追人之心，天地可鉴。这样的勇气，这样的执着，有青春荷尔蒙分泌的原因，更多的，应该还是对所爱男人的深深倾慕。

我对这个阶段的赵默笙是很钦佩的。粗一看，这姑娘有点儿傻，有点儿笨，有点儿"二"；细一想，这家伙知道自己要什么，也知道应该怎么做，反应快速，判断准确，言行果断，持之以恒，很有见识，很有行动力，极具眼光和慧心。

而后故事情节的发展，赵默笙的形象渐渐丰满。我们慢慢看到另外一个侧面的她。面对家庭的变故，人生的暗流汹涌，她表现出了强大女人才拥有的一切美好品质：超级自尊，超级独立，超级善解人意，超级忍辱负重……她的诸多美好，被隐藏在了因为一腔爱意而自愿"降格"的谦卑中，非流金岁月的洗涤不能被展示。这个姑娘，不仅爱自己的情人，也爱周围所有人，爱这个世界。生活没有把她吓倒，命运没有把她摧垮，她成长了，强健了。她帮助了很多人，自己也成长为崭露头角的摄影师。艰难的异国他乡生涯，她不仅赢得了朋友，也赢得了甚至比何以琛更优秀的男人的爱。

从这个意义上来说，赵默笙其实是长着一张弱者脸的女强人，她完全有能力掌控自己的命运。

可是，当她一回到何以琛身边，她似乎又变成了以前那个样子。在这个男人面前，大气也不敢出，不敢申辩，不敢任性，不敢强横。何以琛是他们关系模式中的绝对主控，她低眉顺眼，唯命是从。

我们都做不到赵默笙，绝对做不到。

我们太过自尊，太要面子，太放不下身段。我们的生命中也许出现过何以琛。我们爱死了他，但我们不敢说，不敢大大方方地进攻，我们小心翼翼地试探，一旦发现对方无意，我们就赶紧"整顿衣裳起敛容"，装出一副无所谓的样子。我们想爱，但又怕伤害。在我们的意念中，没有面子就没有爱情。我们时时刻刻都把双方放在面子的天平上称来称去。在对方面前，我们不愿意做弱者。我们宁愿失去，宁愿躲在黑暗里流泪，也不敢、不愿意像赵默笙一样，把脸皮子先撕下来，揣进兜里，为了心中的男神放手一搏，而一旦我们发现对方爱我们，我们就立马好了伤疤忘了痛，很快趾高气扬起来。无边地占有，无尽地索取，无穷地抖搂我们对爱情的各种小聪明。我们很快从心理上的奴隶变为灵魂上的公主。我们只能做女神，不能做女人。我们心中藏着一把小算盘，精确地计算在爱情阵地里的锱铢寸土，敌退我进，敌进我退。我们太精明，太敏感。我们爱的其实不是那个"何以琛"，而是我们自己。

赵默笙爱情的成功其实是"傻"出来的，这家伙好像天生学过心理学。她知道，在何以琛这样优秀高冷的男人面前，强势永远不可能取胜，遮遮掩掩、欲说还休也只能助长对方的冷漠。赵默笙采取的方式是笨拙的狂热、直白的深情，一切赤裸裸，全部热腾腾。我想，这大概是何以琛极为冷漠的外表背后，他自己也不知道的心灵欲求。何以玫拿不下他，因为她不懂他，本质上这个女孩儿也是高傲的，但赵默笙不是。赵默笙永远是谦卑的，这勇敢的热烈的谦卑，俘虏了男人的心。

我们做不到，真的做不到。我们不可能这么谦卑。我们不优秀，但我们还是高傲，而且，我们不知道自己的高傲。

换一个角度看，在爱情的世界里，何以琛有跟赵默笙一样的谦卑，只不过表现形式更隐晦、更复杂。

大学时代，何以琛的谦卑是接受了赵默笙的爱。他帅，他有才，他身边有众多优秀美女在追逐，他是爱情世界的中心之中心。他站在高处，睥睨一切，是完全的审视者和操控者，但这个男孩子很聪明，他最后的选择是赵默笙，而且一旦选择就是永远的选择，不再改变。何以琛是有自知之明的，他可以阅女无数，但他的选择标准并不高大上。他没有选择美貌、才华、门第等世俗看重的东西，而是选择了可爱、纯良、喜悦、欢乐。这个男孩子，不虚荣。他知道自己的缺陷，知道哪种女人能够带给自己幸福，他不活在别人的评价中。

七年之后，物是人非。默笙一身伤痕地回来，经历改变了她。在许多时候，她只能沉默，沉默和隐忍才符合她的个性。这个时刻，他们的爱情面临着巨大的考验。如果两个人都端着，基本上，他们就算完了。

幸好永远端着的何以琛没有再端着。

当年是赵默笙等何以琛，这回好了，何以琛终于走下爱情的神坛，在经历了痛苦的挣扎之后，他剖开自己的心，把赤裸裸的爱献给默笙。

男神形象并没有轰然倒塌，相反，如果更多的女人爱上何以琛，一定是在这个时刻。

他喝了酒壮胆，深夜躲在楼梯拐角处，疯狂地扑向晚归的默笙，告诉她自己这么多年之后还是输了。

他一夜未眠，终于想清楚他要的就是默笙，哪怕她已经结过婚又离了婚，不再完美。他决定马上和默笙结婚，就算互相折磨也要厮守一辈子。

他以为出差香港的默笙又要远离，他瞬间就失态了。他惊恐万分，再一次扑向默笙，软弱得像一个走投无路的小孩儿。

默笙头发湿漉漉地躺在床上看书，何以琛回来看见后，放下包的第一件事就是为她吹干头发，"责备"她躺着看书对眼睛不好……默笙调皮地说"长头发是婚后才长起来的，是夫妻共同财产，需要共同维护……"

......

这个男人，在心爱的女人面前，真的输了，输得彻彻底底，颜面尽失。

但是，跪倒在自己的爱人面前，算什么失败？

在爱情的世界里，本来就不该有对错胜负。

爱她，她错的也是对的，对的更是对的。爱，就是全部的认同，全部的包容，全部的接纳。爱，就是把所有的面具全扯掉，把所有的自尊全抛下。爱我所爱，痛我所痛，不计成本，不顾后果。

因为如此，那漫长的七年，以琛和默笙才共同熬了过来。

以玫说：毫无希望，他也可以等下去。我不行。

是，以玫不行。她也爱以琛，但爱的程度，远远比不上默笙。

没有希望的等待，是因为不怕输。在默笙和以琛的爱情世界里，没有输赢这个概念。

所以，他们最后赢了。赢回了已经失去的彼此，赢得了爱情。

当然，这个故事的核心点，在于两情相悦。不要输赢只要爱，是双方的共识，是彼此的共情。所以，《何以笙箫默》才成为爱情经典。

如果是单相思，这样的不计后果，下场就难免惨烈了。

导演很高明，洞悉人心世事。他导了一个完美的爱情故事，但他让这个故事在走向完美的过程中，又设计了重重障碍。人性因此而凸现，爱情的本质因此而凸现。

我们做不到赵默笙，所以，我们也等不到何以琛。

情爱之甜，乃是因为情爱之难。彼此的牺牲才有互相的成全。我们不愿牺牲，所以，我们的爱情故事平平淡淡。

唯有一声叹息：既然琴瑟起，何以笙箫默？

儿子，唯愿我们自己，在未来的感情生活里，能有勇气多一些"赵默笙品质"，多一些，再多一些。

宝贝，当然，这些是妈妈，作为一个爱情过来人、一个成年人的领悟。如果你还不太懂，没有关系。妈妈把这些文字储存在我们的"家庭银行"里，即使放着不动，它们也是会增值的。当你需要的时候，自己来取就是。

妈妈

2015/9/5

不幸福的我，配不上你的爱
—— 和儿子聊聊《大鱼海棠》

亲爱的孩子：

这几天，网络上简直是热闹得要疯掉了。段子高手们调侃说：王宝强一离婚，奥运会就"闭幕"了。笑过之后，我觉得应该对你说点儿什么，奥运会是精彩，但四年才一回。大部分的人，也仅仅是围观者，而爱情不一样，它是每一个人的奥运会，而且是一生一世的奥运会。运动员的奥运会，输了就输了，回家该干吗干吗，要不了人的命，但爱情这个奥运会，那真是要人命的。输掉了这场比赛，生命的成本是很高的，能赢，就最好不要输。

王宝强的爱情失败得滑稽又惨烈，这不是个别现象。据说，很多发达国家离婚率已经超过了50%，直接导致的后果是选择独身的人越来越多，虽然现代人是如此害怕孤独。你看，"爱"，是多么艰难的事业。

王宝强事件的是非曲直，其实我们没有什么资格去臆测、去指指点点。托尔斯泰曾说：幸福的家庭总是相似的，但不幸福的家庭各有各的不幸。"坏的爱情"一言难尽，但"好的爱情"三言两语就可以说清楚。

我想起了上个月你"指点"妈妈看《大鱼海棠》的事。

这部电影是你先看的，看完回来后，你发表了三点意见：第一，动画、音乐都美，好看；第二，剧情很狗血，典型的"三角恋"故事，湫是椿的"备胎"，湫的付出不值得，这故事也虚假；第三，你特别提醒我，一定要看到最后，演职人员名单完后，还有一小节"彩蛋"。你嘱咐我千万千万要看完，不要提前离场。

对你的意见，妈妈都牢记在心。所以，我看《大鱼海棠》的时候，特别注意了湫这个角色，特别关注了影片深藏在最后的"大结局"。

抑或是成年人视角的原因，妈妈的看法跟你不太一样。

首先，儿子，我们要问，为什么导演要把湫最后成为灵婆的接班人放在影片的结尾的彩蛋，"藏"得那么隐蔽，以至于让很多观众都错失了这个"大结局"？你想过这么安排的苦心吗？

妈妈是这么看的：这自然是导演的故意为之。他就是想表达这么一个观点——你越不刻意追求的东西，你越能得到它。其实，故事的结尾，湫是去"领死"的。为了帮助椿，他甘愿"赌"上自己全部的生命。最后，他在爱情上的奉献精神感动天地，他不仅没有"死"，相反，他获得了永生，成为真正的"神"。

记住，儿子，这是童话故事，或者，是神话传说，是编剧的一个"梦境"。读童话，读神话，要把故事放在童话、神话的语境中，去体会创作者的用心。这类文学作品是不能简单地和生活类比的。可"比"的，是故事的内核。

《大鱼海棠》的导演是不是想表达这个意思呢：深挚、纯粹的爱，超越了占有意念的爱，是永恒的幸福和永恒的存在。

关于"狗血"的评价，网络上跟你一样观点的人也不少。妈妈的见解稍有不同。

用现代人的"备胎"一词来定义湫是比较野蛮的。你们最不满的就是"湫一直爱着椿，但椿却用一句'我从来都是把你当哥哥'就把湫'解决'了"，但亲爱的儿子，这就是爱情的真相：喜欢不是爱。爱情是一种神秘的不可理喻的感情。就像妈妈，高中时代，大学时代，爱妈妈的男同学挺多，但最后妈妈选择了你爸爸。如果用世俗的观点来简单地评价，不过就是在妈妈眼里"你爸爸比那些男同学更优秀"，但其实不是这样的。妈妈的选择跟优秀无关，跟"有没有爱情的缘分"有关。我想，湫爱椿而不得，是一件并不尴尬的事，他们没有夫妻缘分，只有兄妹缘分罢了。

所以，亲爱的儿子，如果有一天你发现自己也成了"备胎"，请不必太难过。在这个世界上，一定有一个女孩子是命中注定属于你的。其他的，不管是你喜欢的，或者喜欢你的，他们对于你生命的意义，并不在于是否成为恋人，而是让你练习其他爱的方式。我们的成长，需要很多种爱的滋养，并不仅仅需要男女恋人之爱。

湫的可爱之处在于：当他已经知道椿不可能如他爱她般爱他的时候，他依旧愿意为她付出全部。

湫这个时候的爱，和情欲无关，和占有无关，而仅仅和"爱"本身有关。这种"爱"的逻辑是：我喜欢这个女孩子，我就要她幸福，我愿意为了她的幸福而奉献出我自己。

注意，他的"奉献"，不是绝望之后的痛苦选择，而是心甘情愿，是欢欣喜悦的。

这种爱，叫作付出型人格的爱。愿意这么做的人很少，能做到的人更少。因为稀缺，所以珍贵。

《大鱼海棠》，讲的就是这样的爱。

鲲爱椿，尚在蒙昧状态，那是一个人对一只海豚的爱。那双目的凝视，那不可知力量的牵引，那一条一条江，一个一个海域的追随……彼此还不知道，但爱情已经萌芽，已经在生长。爱的力量大到了在椿被渔网困住而性命攸关的时刻，鲲跳入了海中，在弟妹们的惊呼声中冒着生命危险去救她。

爱情是不讲道理的，一旦发生，那就是天雷劈地火，你的一切都跟我有关。不讲逻辑，不计成本，世俗的功利，根本不在爱情的天平上。

所以，纪伯伦说：美，就是我一见到她，就甘愿为她奉献一切，甘愿不向她索取任何回报。

昨天，妈妈看了文章导演的《陆垚知马俐》，其中赵奔和方灰灰的一见钟情，就是这种。爱情是人性中最神秘莫测的一环，是不能拿到科学实验室去解剖、去做学理分析的，爱情是不讲理的。

鲲为了椿奉献出了全部。所以，不，在这个地方不能用"所以"，如果椿仅仅是因为鲲的奉献才决定奉献自己去救回鲲的话，这个故事就不够感人了。

我以为，椿要救鲲，不仅仅是因为要报恩，更为重要的是，鲲是第一个向椿展示了人类世界的美好、第一个开启了椿的春心之门的人。和鲲的相遇，才是椿这位少女真正的成人仪式。

救鲲，就是挽救自己的情窦初开，就是重新打开自己对美好未来的全部想象。对一个刚刚踏上情爱之旅的少女而言，往往第一眼爱上的，就是她全部的世界。

鲲爱椿，无所保留；椿爱鲲，也无所保留；而湫爱椿，更无所保留……

《大鱼海棠》，就是这么一个让不能循环的爱最终循环起来的故事。

因为爱，鲲得以起死回生；因为爱，椿得以化身为人拥有梦想中的爱情；因为爱，湫成了神……

所有人，都因为爱，走上了自我救赎之路和自我成全之路。

特别是椿，在追爱护爱的过程中，救赎了对方的灵魂，也洞悉了世间的秩序。

网络评价她"为了一己之爱而抛弃亲人族人"，那是没有看懂电影。故事中，椿渐渐学会了承担，学会自我修复和修复世界。

在天崩地裂的一刻，她告诉鲲"我不能再陪你，我得回家，挽救我的族人"。她化为海棠树，堵住海天之门。她愿意余生化为风雨，伴随鲲的终生。

这是电影中一个重要的时刻——椿的生命在这个时刻，真正摆脱了小我之爱，向完满的大爱走去。

而湫呢，虽然他的爱情没有得到椿的回应，但他心中的"爱"还在。他听从内心的呼唤，踏上帮助椿和鲲的旅程。他的自我奉献让他的爱不断升华，最终让他自己永恒。

这就是佛教中的"慈悲"和"渡人"。"慈"是离苦，"悲"是予乐。慈悲之人，必得圆满。渡人和自渡，从来都相通。

《大鱼海棠》讲的这个故事并不新颖，但绝不陈旧。爱，是永远的母题，永不过时。

网络上有一段影评深得我心。作者说："这个故事告诉我们：爱，仍是人生唯一的救赎之路。"

只有沿着这点人性的微光，我们才能从蒙昧与黑暗、痛苦与狭隘中逐渐走出，抵达自由和幸福。

这不是廉价的敷衍，而是笃定的信仰。它被人类历史证明过，也被个体经验验证过。

有情，希望在；有爱，意义存。

是的，虽然，爱自有其命运，自有其轮回，自有其变数。也许，它会带来离别，也会遭遇悲苦，但，你只要跟随它，一直往深处走，救赎与成长就会慢慢发生。

那时候，挫折入心，一如砂砾入蚌，也是对爱的一种磨砺。若干年以后，你就会发现，爱已将其包裹，成为珍珠，在人间岁月里，莹然闪烁。

儿子，这就是妈妈的第一个领悟：爱到深处是什么？爱到深处是奉献。

还有一个领悟，也想说给你听，亲爱的孩子。

我是懂湫的，懂湫为什么"深爱而不能爱，还能为爱奉献"。什么是好的爱？好的爱不仅仅是愿意奉献，好的爱最重要的特质就是：因为我爱你，所以你一定要活得更好；因为我懂你的爱，所以我要活得更好。

大概五年前，妈妈曾经在全国上过一个很重要的课，课名叫《死法、活法、爱法、写法——向〈泰坦尼克号〉学写作文》。这堂课，讲到"爱法"时，我做了一个整合，请哥哥姐姐们比较《泰坦尼克号》和《唐山大地震》。在这两个故事中，两位女主角——露丝和元妮都在猝然而至的大灾难中失去了自己的爱人，但她们之后的人生命运完全不同。

露丝活得热烈幸福。她在 101 岁时，还在脚指甲上涂着红指甲油，银发飘飘，美丽动人。《泰坦尼克号》的结尾，露丝安睡，镜头在她的各个年龄阶段的美丽照片中缓缓掠过，意味深长。

元妮呢？32 年一直活在心灵的废墟中。唐山城如凤凰，早已涅槃重建，但是她无法重建自己的生活，在内疚和失去的痛苦中苦熬余生。

我问孩子们：你喜欢哪一个故事？我问女同学：你愿意做露丝还是元

妮？我问男同学：假如你必须在灾难中为了爱人而死去，那么，你在九泉之下情愿你的爱人像露丝一样活，还是像元妮一样活？

儿子，此刻，妈妈问你，如果是你，你会如何选择？

妈妈的选择很清楚：我如果是女人，那我要做露丝！如果我是男人，我希望我的妻子在我死后，也像露丝一样活。

理由很简单：好的爱情，最重要的一个衡量标准，或者说，唯一的一个衡量标准，那就是让对方更富生命活力，更爱生活，充满更多生命的力量和智慧。

《泰坦尼克号》讲的就是这样的"好的爱情"。大难来临，杰克把生的可能留给了露丝，并且，一直，一直，哪怕在生离死别的最后时刻，还在鼓励，不，是哀求露丝：好好活下去，相信自己能够活下去。他相信"你会摆脱困境的……你会活下去，你会生一大群孩子，看着他们长大成人，你会成为老太太，寿终正寝，死在家里暖和的床上"。

诀别的痛苦和寒冷饥饿的威胁让露丝已经不想活了，也几乎没有力气活了，但她最终战胜了自己。她必须活下去，而且还要活得精彩、活得灿烂，唯有这样，才能告慰大西洋底下的杰克；唯有这样，杰克奉献的价值才能呈现。这段爱情，才能永生。

她做到了。

《泰坦尼克号》之所以能成为经典，不仅仅因为拍摄的技巧、演员的演技，还因为，它所传达出来的价值观，而《唐山大地震》呢？那是"好的爱情"吗？不，那是感人的爱情、感人的亲情，但绝不是"好的爱情""好的亲情"。

过度的内疚和无法自我疗救"失去"的伤痕，让元妮成了终生都找不到"失去"意义的人。这不是因为她还在爱别人。她爱的，其实是自己，那个受伤的自己。

网络上有人评价《唐山大地震》：说拍摄技术，中国也许只比西方差 50 年，但若谈价值观，也许中国比西方差 500 年。在人性上，冯小刚是后退的……

我看了《唐山大地震》，也里外难受。这个评论虽然有些苛刻，但我是理解的。

上这个课，后来被一些同行骂——他们认为我亵渎了中国的所谓"贞操文化"吧，我懒得回应。我心里想：很简单，如果那元妮是你女儿，是你妹妹，你愿意她三十多年都活成那样吗？

亲爱的孩子，你刚刚进入青春期，你会慢慢地走进爱情。妈妈想告诉你，爱情有两种：

一种叫占有型人格的爱。这种爱的特质是：不能拥有，变爱为怨；不能拥有，变爱为害；不能拥有，同归于尽。这种爱的呈现方式，也包括那种"主动被占有"的爱，其外在表现就是"不能拥有，自暴自弃"。

你读过不少小说，比如《神雕侠侣》中李莫愁对陆展元的爱、尹志平对小龙女的爱，都是这样的爱。这类爱，具有毁灭性——被毁灭和自我毁灭。

还有一种叫付出型人格的爱。这种爱的特质是：我爱你，就给你自由；我爱你，就要你幸福；我爱你，可以与你无关……

《大鱼海棠》讲的就是这样的爱。《山楂树之恋》中老三对静秋的爱，茨威格《一个陌生女人的来信》中的爱，也是这样的爱。

妈妈的叮嘱是，不管爱得有多深，如果遭遇了"占有型人格"的爱，请赶快放手、放弃，甚至逃离。

付出型人格的爱，才更有可能成全自己，成全他人。

好的爱，骨子里是全部地接纳、共同地建设、主动地成长，是让爱者和被爱者成为最好的自己。

湫就是这样做的。因为爱椿，所以，他让椿去爱己所爱，去成为自己。椿回应了这样的高贵的爱，在必须做出选择的关键时刻，她也愿意奉献，并且在奉献中脱胎换骨。

杰克也是这样做的。因为爱露丝，所以，他把生的希望让给露丝，把最美好最顽强的生命能量在最看不到生机的时候，传递给露丝。露丝回应了这样的爱。她的一生，酣畅淋漓，到了垂暮之年，依旧享受生活，相信爱情。

这些，才是真爱，才是深爱！

这就是妈妈今天要告诉你的第二个领悟：爱到深处是成全，是成长与自我成长。

爱情的原则永远只有一个，那就是：不断地悦人和悦己。

因为爱你，所以我要更幸福。

不幸福的我，配不上你的爱。

亲爱的孩子，爱情，是个永远也说不完的话题。下一次，我们继续谈。

妈妈

2016/8/20

幸福从来不是优秀女人的标配

——和儿子聊聊《小别离》

亲爱的孩子：

妈妈终于断断续续地追完了《小别离》，有一肚子的感受想和你交流呢。

这个剧整体还是不错的，看点甚多。

作为女人，我最感兴趣的还是童文洁这个人物，她很典型，值得再说说。

之前说的时候妈妈比较淘气，动不动就扯"雌激素失衡"啥的。其实，雌激素的问题只是表象，是结果。童文洁内在的心理，才大有研究之处。对我们女人，也很有警示意义。

妈妈想先表扬一下海清，这个女演员尚年轻，但已经很有"老戏骨"的派头了。她演童文洁，基本算是演到了骨子里。

什么叫演得好，就是让大部分观众都能自然而然产生代入感，觉得那童文洁或多或少就是自己，然后，为其命运唏嘘。事实上，也就是为自己的命运唏嘘感叹了。

按理说，童文洁应该是很有资格活得幸福的一类女人了。

因为，她优秀！

有长相，漂亮！要脸蛋有脸蛋，要身段有身段，穿衣打扮都上档次。

有学历，受过高等教育，名牌大学研究生毕业。

有职位，在外企奋斗一二十年，事业风生水起，已经做到了华东大区总经理。

有爱人，嫁了个不错的丈夫。黄磊饰演的方圆真是可爱，那就是个典型的"老婆迷"嘛，疼妻子宠妻子，妻子的话就是圣旨，家里家外唯命是从，听话得很。自己是三甲医院知名眼科大夫，虽不是最挣大钱的一类，但也算都市白领，风风光光的一好脾气丈夫。

方圆父母也很疼爱童文洁，不是不分对错只站在儿子一方的"混账"公婆。

还有一小姑在国外，怎么也算有点儿海外关系，有些事办起来也方便。

有女儿，生个宝贝小公主叫朵朵，美丽活泼，擅长写作。在网上被尊称为"朵教主"。初中毕业就出了畅销书，货真价实才女一个。

……

总之，如果单方面汇总各类信息，童文洁这个女人，要想不幸福，都不可能嘛。

事实上呢？这个女人，从头到尾，整个电视剧 45 集，都处在焦虑中、抓狂中、挣扎中。她不仅辛辛苦苦地把自己的生活搞得乱七八糟，还辛辛苦苦地把女儿和丈夫的生活也都搞得乱七八糟。

一个"优秀女人"，却没有获得"优质生活"，这种现象，在现实中并不少见。我姑且称其为"童文洁现象"。

优秀跟幸福，还隔着十万八千里的距离啊！

问题出在哪里呢？且让我从心理学的角度试着帮助儿子你分析分析。

我觉得，关键在于童文洁人格的分裂——各个层面的分裂。

最深层次的分裂：当下和过往的分裂——原生家庭所带来的不安全感。

现在动不动就谈原生家庭，似乎有点儿烦人。对此类理论，我自己多少抱着点儿怀疑态度、抵触态度。自己的问题总往老爸老妈身上推，总有些推诿责任的感觉。我觉得，人的成长就是不断"逃离"原生家庭、"超越"原生家庭的过程。

儿子，你的妈妈，我，就是一个典型的例子，但也还是要承认，在潜意识中，原生家庭对我们的影响，在某些方面，是根深蒂固的，是不被我们觉知且终生影响我们的行为的。这个问题，人与人不同，我大概属于超越型，而童文洁，属于沉溺型。

沉溺什么？沉溺于童年少年时代家庭带来的痛苦之中。成年后，任何思想、任何行为，都被这些痛苦牵扯，且控制。

童文洁的"原生痛苦"是少年时代的一场车祸。这场车祸带走了她的父母，她从此成了孤儿。

于是，童文洁成了永远的孤儿。哪怕她后来顺利长大成人，结婚生女，有房有车有事业，有了自己美满的小家庭和还算和谐幸福的大家庭。

她的身体，已经实实在在地在这些温暖的家庭中了，但她的心灵，永远停留在那场车祸中。

曾经的失去让她时时刻刻恐惧失去。她害怕失去丈夫，失去女儿。她好像时时刻刻都站在悬崖边上，时时刻刻都可能回到孤独的深渊中。

这种极度不安全感支配着童文洁，让她在现实生活中的言行极度变形，她成了一个不可理喻的悲观主义者。不论是大事小事，她总是不由自主地往坏处想，往绝处想。失去女儿，失去丈夫，失去家庭的担忧和恐惧如影随形。

她成了一个编故事高手。以自己的某一丁点儿不如意为起点，编织发生率哪怕只有万分之一甚至百万分之一的悲情故事，并且自动沉溺在这个故事中，随波逐流，自我怜惜，不能自拔。

女儿考试退步，她编织的故事是女儿一生从此完蛋；女儿跟男生稍有接触，她编织的故事是女儿从此早恋，凡事玩完；自己动一次普通的子宫肌瘤手术，她编织的故事是事故必发，自己会因此死在手术台上；丈夫遭遇雷暴飞机停飞，她编织的故事是丈夫编出故事糊弄自己不回北京陪伴手术；照片阳光下的一个阴影，她也能想象出丈夫和女徒弟有了暧昧温情，然后大张旗鼓兴师问罪……

为了对付她的故事，女儿朵朵和丈夫方圆也只能被逼编出更多更多的故事。本来简简单单、清澈如水的生活，被她自己搞成了一个又一个迷案，一池又一池浑水。

这个女人极度敏感的心灵，就像一个放大镜，把生活中的正常的挫折和正常的不如意无限放大，然后散布扩张，吓得自己如惊弓之鸟，惊慌失措，精疲力竭。好好的一个家，也被折腾得浓雾深锁，乌烟瘴气。

幸福本来已经重建，但活在"原生痛苦"中的女人却无福消受，你说可悲不可悲！

儿子，从心理学的角度，童文洁这种病叫作"妄想症"。

这种病症，以毫无根据的猜测、推断、想象来支配生活，污染生活，杞人忧天，自寻绝路。

几千年前，我们的老祖宗就为这种病定性了。孔子说，"毋意，毋必，毋固，毋我"，什么意思？"毋意"就是不要瞎猜，别去推理别人。"毋必"

就是没有什么事情是必须按照固定的模式来做。"毋固"就是不要固执己见。"毋我"就是不要以自我为中心。

天啊！这好像是为童文洁量身定制的啊！

童文洁天天在瞎猜，无原则地推理丈夫和女儿；童文洁相信自古华山一条路，笃信女儿成绩不好就死路一条；童文洁在家庭中简直就是绝对中心，丈夫、女儿必须看她的脸色吃饭，在亲人面前，她固执得不可理喻。

可以说，方朵朵的焦虑，很大部分是因为母亲的敏感带动的；方圆的无奈，很大部分是因为妻子的无聊造成的。

一个永远活在"受虐"状态中的女人，简直就是一个家庭的定时炸弹。指不定哪个时候就爆炸一回，人人自危，个个慌张！

方朵朵和方圆，真是活得不容易！

更可怕的是，所有的这些都是因为童文洁太爱这个家，太珍惜这个家。所有的这些都是因为她确确实实是在使出"洪荒之力"，保护这个家，让其不受一丝一毫的伤害，但我们看到了什么呢？如果爱，深深爱；如果深深爱，那就使劲儿害。

童文洁的爱，还是真的爱吗？

这就是她的第二层人格分裂：爱的分裂。

她是在爱，但用力太猛。因为缺乏安全感，她便想要把女儿和丈夫死死地抓在手心。

她的控制欲太强大了！

朵朵只要稍微偏离她设计的成长路线，她就一手大棒一手棒棒糖，或者先压后哄，或者先哄后压。这个百变老妈，搞得朵朵一会儿被她的歇斯底里吓得魂飞魄散，一会儿又被她的温情暖意感动得稀里哗啦。一会儿视她为友，一会儿怕她如虎……一个小姑娘，除了被学习压力折腾，更被自己的妈妈折腾，最后冰雪聪明的一个孩子，活生生被折腾得差点儿成了抑郁症患者。

丈夫方圆呢，也惨。既想保护女儿，又要心疼妻子，那个难啊！彼此的价值观、教育观碰撞得嘎嘎作响了，不敢说，不能说，一说，一意孤行的老婆会更抓狂、更发疯，于是他只有在家里想出各种办法跟老婆周旋：为女儿搞潜伏，当间谍，围魏救赵，声东击西……几方夹攻，两头受罪，苦不堪言。单位工作顺利时还可以勉强支撑，工作一出现问题，男人自身难保，一个角色演不好，几个角色就更没有办法成功出镜。于是漏洞百出，被逼得节节败退，最后只有离婚了结。

我看电视看得那个急啊！

童文洁啊童文洁，你咋就这么糊涂呢？你稍稍换个角度，就可以看到完全不同的风景。天下本无事，庸人自扰之，本来啥事都没有，全是你的"爱"炮制出来的啊！

深究下去，童文洁爱的，其实不是女儿，不是丈夫，她爱的，还是自己，是内心深处那个没有安全感的自己。

她对"分离"，有深入骨髓的恐惧。

她害怕女儿不成功，这个害怕的背后是女儿不幸福，自己就会不幸福。

她害怕丈夫不成功，这个害怕的背后是丈夫不成功，自己就会不幸福。

她的"爱"事实上有太多条件，她的"付出"事实上也有太多条件：女儿应该因之而优秀，丈夫应该因之而听话。如果不优秀，不听话，她就白爱了，白付出了。于是，她爱得越多，她就越痛苦，付出得越多，她就越委屈。

童文洁不知道一个最简单的道理：只有无条件的爱，才能让爱的人本身也能感受到自己在爱中。

她的各种有形的无形的爱的条件，让爱存了私欲。爱一旦不纯粹，受伤害的，就是自己。

佛陀说：追本溯源，导致人痛苦的是人的情绪，而一切情绪都生起于自私，它们都与执着于自我有关。

童文洁应该就是这个问题。她想爱丈夫，想爱女儿，但少年时代那个受伤的自我太强大，强大到了成为她成年后做任何事情的投射体。她没有爱够自己，也不会爱自己，所以，她本质上没有能力爱别人。

她的爱，因此一直分裂；她自己，也因此一直分裂。

童文洁还有其他层面的分裂，比如她的"工作人格"和她的"家庭人格"的分裂。

这是我生造出来的两个词语，不知道心理学中有没有类似的概念，我想应该有。因为在现实生活中，工作人格和家庭人格分裂的问题，比其他的人格分裂问题更严重。

童文洁在家庭生活中，像一个瓷娃娃，碰碰就碎了，娇嫩得很，脾气大得很，需要丈夫方圆捧着哄着，是小公主型老婆，但童文洁在单位，那是叱咤风云的人物。上可攻城略地，市场搏杀不逊男儿，下可宫争府斗，机关算尽百折不挠。事业疆场上是巾帼豪门，战无不胜，低潮时也能受得了胯下之辱，卧薪尝胆重振河山。

我常想，这么一个厉害的女人，哪怕分百分之一的智慧和胸怀在家庭生活中，也可以把家庭建设得美满幸福，但恰恰相反，事业上的大女人，回家就成为小女人——不是让人疼惜的小女儿情怀，而是小肚鸡肠，鼠目寸光，自己亲手辛辛苦苦毁了一个家。

由此看来，童文洁并非不知道"大"的好处，只是她无法控制自己。她分裂了——她不知道家庭角色其实比社会角色更重要，她不知道经营一个家庭比经营一个部门更需要智慧的运筹。

一回到家她就丢盔卸甲，素心朝天，把家当作发泄苦闷、放松招摇的所在。

她不是不懂尊重，她的尊重在单位里好像已经耗尽了。一回到家，她就成了太上皇，女儿丈夫都必须围着她转。

她不是不懂包容，她的包容更多时候只针对领导和同事。大部分时候，一回到家，她就忍不住颐指气使，以自我为中心已经成了惯性。

她不是不懂要修炼自己，成为更好的自己。她是只把职场形象、把社会形象当作自己修行的目标。她不知道，家庭，才是最好的修炼场所，家庭形象，才是非常重要的修炼终极目标。

跟其他人相亲相爱都容易。最难的，是和家人真正相亲相爱啊！

一个人最深的涵养，是对家人的涵养。

可怜可悲的童文洁，她完全搞错了顺序，而搞错顺序的，仅仅只是一个童文洁吗？

儿子，我们自己，是不是也经常这样呢？

我们把自己最好的一面给了领导，给了同事，给了朋友，给了同学，给了素不相识的人，而把最糟糕的一面，给父母，给丈夫，给儿女，给自己……

我们在单位是天使，彬彬有礼、风度翩翩，回到家，就成了黄脸婆，恶脸婆，丑陋得自己都不认识自己，自己都讨厌自己。

我们天颠地倒而觉天经地义、自然而然。

我们，其实都在分裂中啊！

……

电视剧整体看来不错，但结尾比较理想化。

三个孩子，都经由自己的道路获得了成功。其实现实生活中的成长，哪有这么顺利？有相当部分的孩子将长期迷茫、长期低潮，这才是真实的生活。

童文洁呢？她最后的自我疗救，是离婚后全身心投身职场，重获肯定，重返职位，最终找到自我，反思自我，醍醐灌顶，最后复婚，一切花好月圆。

这就是故事了。

事业的成功并不能够真正拯救一个女人。

成为一个"成功"的女人和成为一个"好"的女人不是相同的概念。

如果童文洁没有深刻意识到丈夫和女儿都不是自己的私有财产，没有深刻意识到自己必须彻底从"原生痛苦"中跳脱出来，那么，不管她在职场上的地位有多高，她依旧会一直分裂，一直挣扎，一直自己跟自己搏斗、跟亲人搏斗。

幸福，不是成功女人的标配。

幸福，属于心灵圆满、柔软的女人。

何为圆满？何为柔软？我也不全知道。

我只知道，我正走在这条路上。

儿子，这是一个女人的故事，对你是不是也有一些启示呢？

妈妈期待着，你能慢慢地读懂，慢慢地领悟：幸福，也从来不是高分学生的标配。

妈妈

2016/10/6

如果我们站在时间的绝境里……

——和儿子聊聊《琅琊榜》

亲爱的孩子：

今天想跟你聊一聊《琅琊榜》。

一放假，妈妈就开始"补课"，追《琅琊榜》了。如果大家都说这部电视剧是良心之作，那我想还是不要错过的好。断断续续地追了一周，终于看完。当我看到最后一集时，泪涌如泉，一个人在房间里痛痛快快哭了一场，算是祭奠故事中最后为国捐躯的梅长苏。

这部剧的主线是党派斗争，我看得惊心动魄。集团之间、人与人之间的算计和争斗可以残酷到这个地步，实在是虐心。党派斗争我不懂，妈妈一直生活在校园，世事险恶也经历得少，因此围绕利益互相缠斗的政坛，对我来说是一个完全陌生的领域。不仅知之甚少，而且这方面的想象力也缺乏。我只想告诉儿子你，无论如何，做人还是端方正直一些好。坚守道义，保持真诚和善良，这是一个人生命完满的唯一通途。必要的生存智慧是应该有的，但机关算尽太聪明，最后一定误了卿卿性命。就如故事中的靖王，比起太子和誉王，他最不具备党派斗争的权谋和根基，最后能够成就大业，全靠他个性中的坚毅和纯良，他守住了底线，至死都能维护做人和为君的大道，所以，他才能和梅长苏成为真正的战友，并在梅长苏的帮助下突出重围，建功立业。

算计他人的阴谋诡计总归是小智，凭此暂时得志是可能的，但不能长久。有大气象者必有大胸怀，有大胸怀者必有大智慧。小智与大智，是做人境界的不同，也是生命境界的不同。天在，道义就在，所以，在历经艰辛之后，最终无敌的，还是仁者。

儿子，无论在未来多么残酷的竞争中，希望你永远守护内心的纯善，宁愿暂时失去一些利益，也不要陷入阴谋诡计的泥潭。我们可以活得不够优秀，但是，不可以活得不心安。

对政治，妈妈确实说不出太多。我想说说更让我感慨的另一个话题：时间的绝境。

单纯如我，更愿意把《琅琊榜》当作一个关于生命的寓言来看。

这个寓言的主角是梅长苏，穿越政治斗争的重重迷雾，他的故事讲的不过是在时间的绝境里人的选择。梅长苏这个角色之所以迷人，不仅因为他超人的智慧，更因为他在时间绝境里的一次次选择，让人唏嘘，给人启悟。

正常人的生命不在绝境中，因为，"活着之趣，全在于生命"是一个旷世谜题。因为我们不可能知道我们生命在哪一天停止，我们更不知道徐徐展开的生命画卷会呈现出什么样的图景。因为和生命真相之间的距离，所以，活着成了一种永远面向美好的期待，但梅长苏不是这样：如果生命是一张答卷，考试还没有开始，考官就已经铁青着脸，毫不留情正告这个考生——这场考试你必死无疑，要继续考下去，会活得比死还难过。这，就是我所说的时间的绝境。

梅长苏的命运本来不应该是这样的。这个叫林殊的赤焰军少帅，意气风发，风华正茂，他是大梁朝廷最有前途的天才少年。他的生命绚烂得可以超越一切普通人的想象。故事却偏偏用最惨烈的对比来拉开序幕，一个美得炫目的生命，突然全家遭遇党派斗争黑手，家破，人亡，军败，以谋逆之罪，被刻在大梁朝廷的耻辱柱上。

梅长苏的命运，一开始，便和人世间的血海深仇、奇耻大辱以及自然界的大火、奇寒、怪虫联系在一起。

他必须做出的第一个选择就是：活，还是不活。

赤焰七万忠魂，在梅岭现场的几乎全部被杀。活下来的只有两位，一个是林殊，另一个是夏冬的夫君聂将军。林殊死里逃生的细节在故事中几乎都是侧面描写，但我们从聂将军的遭遇中可以想象一二。聂将军在遭遇了大火、奇寒、怪虫的折磨之后，成了满身长满白毛、需食血才能活下去的野人，惨烈惨痛，惨不忍睹。我想，林殊当年在大火中跌落冰湖，遭遇应该是一模一样的。这样的身心剧痛，生不如死，一般人哪里熬得过来？只有如林殊、聂将军这样的钢铁人物，才可能扛住社会和自然界同时施加的磨难，成为幸存者。

故事中反反复复回放一个镜头，诀别关头，林燮抓住林殊的手，喊出最后的叮嘱："活下去！"但活下去，不只是三个字啊！很多时候，活着，比死，艰难一万倍。

被火寒奇毒控制的身体，每一天，都直面死亡。比火寒毒更毒的乃是谋逆大罪、家族冤情，如毒虫日日啃啮着心灵。身体和心灵的双重煎熬，不是绝境，又是哪般？

梅长苏选择了活。这不仅仅是一种态度，一旦选择，就是承受，就是担当。

然后是如何活？

琅琊名医，有办法解火寒奇毒。方法有两种，需患者自己选择。一种治本，削肉剔骨，受常人不能承受之痛，去白毛，软喉结，可以恢复人形，可以正常说话，但形象已经和本来面目迥异，成为另外一个人，且短寿，最多只能活到 40 岁；多病，不仅武功尽失，而且身体柔弱，风吹即倒，日日发病，天天煎熬。另一种治不了本，承受的治疗痛苦较小，身体、武功都可恢复如常，寿命也正常，但身上白毛不能脱，状依旧似野人，且不能如正常人般表达。

林殊选择的是第一种。后来的聂将军，选择的是第二种。

林殊的选择，便是他的活法。他必须活下去，但活下去不仅仅是为了活下去。他赋予了自己活下去的意义：为林家洗雪沉冤，还林氏一门清白；助靖王登上王位，换朝廷一片清明。要实现这个理想，他必须有正常人的容貌，必须能够正常表达。刀光剑影的战场是不能上了，但朝堂这个战场他必须一搏。他在自己生命的算盘上算得清清楚楚：用寿命，用病痛，用当年林殊全部的风华，去换取一张可以在第二战场上和敌人一搏的入场券。他活着，为重新获得尊严而活。

其实他还有一个选择：去火寒奇毒，如有奇药东海冰虚草作为药引，有十位健康汉子愿意为他换血，这个毒便解了，代价是这十位汉子的生命。作为第一大帮江左盟的宗主，梅长苏深得众人爱戴，愿意为他去死的弟兄有的是，但梅长苏如果做出了这个选择，他也就不是梅长苏了。

这便是梅长苏的绝境：他成为自己生命的先知先觉者，他明晓自己的命数——活着的日子如他手中屈指可数的一把牌，由他自己一张一张地抽出去，眼睁睁地看着它们越来越少，越来越少。他天天承受病痛的酷刑，不需要医生跟他说哪天会好起来——他没有法子好起来。他自己选择的活法就是在有限的生命中跟病痛成为合伙人。对他自己而言，他的"活"不再有任何的秘密，他亲眼看着自己走向死亡，一步一步，没有一点儿悬念，但就是这样的一个本身就从生命的废墟里爬出来的生命，自我选择又一次站在绝境里，却隐忍地、从容地、坚定地、持恒地，把每一天都运作了起来。他用那点儿寥若晨星的可怜的时间，从创建江左盟开始，做了十几年充分的准备，在最后的岁月里回到京城，靠智慧翻云弄雨，终于为家族、为自己寻找回了尊严。

我想，《琅琊榜》的故事之所以分外动人，便在于此。如果仅仅是党派斗争，仅仅是权谋，《琅琊榜》也会好看，但不会如此打动人心。而当这些故事的主人公是一个清醒着走向死亡的人的时候，《琅琊榜》讲的故事，便超越了党派斗争与权谋了。

在生命的绝境面前，我们看到的很多东西不仅超越了功名利禄，更超越了生命本身，比如忠诚，比如正义，比如友爱，比如爱情，比如承诺……生命诚可贵，但如果生命不被赋予一种崇高的价值，那活着还有什么意义。

亲爱的孩子，妈妈总觉得，梅长苏的故事，还是一个英雄的故事。梅长苏身体孱弱，是文弱书生模样，似乎跟我们理想中的铁血英雄有很大的距离，但这个形象的塑造之所以成功，恰恰是因为他外表的孱弱和内心的强大形成了鲜明的对比。让妈妈哭得最厉害的是最后一集，当梅长苏手里的生命之牌已经只剩下最后几张的时刻，他毅然决然选择了上战场，而不是如蔺少阁主所计划的一样，在山水流连中寄托最后的生命岁月。他站在"绝境之境"的战场上，终于从梅长苏做回了林殊，他完成了自己的使命，笑傲疆场，从容走向死亡。

没有站在生命绝境里的孱弱的梅长苏的这份英雄情怀，《琅琊榜》便会多了阴戾之气。这个惧寒怕冷从来不动声色的江左盟宗主，让这个阴森森的故事有了温暖，有了血气，神态丰富，气象万端。

亲爱的孩子，好的电视剧都是优秀的寓言。其实很多时候，我们也可以有一点儿"梅长苏精神"，那就是：哪怕是从命运的废墟中爬起来，站在生命的绝境里，哪怕我们已经洞悉了自我生命的全部秘密，我们的岁月是历历可数的，我们的日子也无法避免身体与心灵的煎熬，但我们依旧能够赋予我们生命以庄严的价值，我们依旧能担当，依旧敢奋斗。

我们不怕活得短，我们只怕活得没有意义。

且把我们自己都当作梅长苏吧！在生命战场中活出更多的英雄气概！儿子，期望你能懂妈妈的祝愿。

妈妈

2016/1/31

没有谁的人生应该被嘲笑

——和儿子聊聊《乘风破浪》

亲爱的孩子：

今天想和你聊聊春节我们一起看的《乘风破浪》。

坐在影院里的时候，这部电影，妈妈看得云里雾里，很多地方，觉得看不太懂。影院里笑声此起彼伏，除了极少数网络热词外，大多数时候，妈妈都不知道那些年轻人为什么笑，他们到底在笑什么。我知道，我和他们已经有了深深的代沟。这样的觉知，让妈妈觉得很恐怖，妈妈在想，是不是我和你之间也已经有了这么一条鸿沟呢？

这个尴尬的场景，和《乘风破浪》的故事内核多么相似。

我们是多么需要交流啊！

所以，妈妈想以一个中年人的视角，来说说这部电影，也许你有完全不同的观点，没有关系，妈妈说的，你可以作为一个参考。

尖锐的、不羁的、特立独行的韩寒，借《乘风破浪》为我们讲述了他对世界的理解，对生活的理解。

他想表达什么？我以为是：没有任何人的人生应该被嘲笑。

电影开头，是一个儿子对父亲的"嘲笑"。

电影的结尾，是一个儿子和父亲的"和解"。

从"嘲笑"到"和解"，这中间，经历了什么？

邓超扮演的徐太浪一出场，便在风驰电掣、惊心动魄之中拿下了年度赛车的总冠军。

万众瞩目的徐太浪在鲜花丛中发表获奖感言，最后一个感谢的是父亲。他正话反说，说得阴阳怪气，大概意思是，他感谢父亲一直打击他的赛车爱好，感谢父亲从小到大对他的否定……

傻子都可以听出来，徐太浪把自己的成功当作子弹，恶狠狠地射向了父亲。这个冠军，终于报了他的一箭之仇——他把多年郁积在心的对父亲的不满、不屑、仇恨、鄙视，全部倾泻出来。

他的父亲，也就是彭于晏扮演的父亲徐正太，可怜兮兮地站在儿子成功圈子的外围，显得苍老而落魄。面对儿子辉煌的成功，他有点儿手足无措。

这个成功，是他预设之外的成功。

这个成功，是他曾经千般阻挠万般否定的成功。

这个成功，是儿子毫不客气地甩给他的大耳刮子，一如他当年对儿子拳打脚踢的毫不客气。

这简直是一个经典的时刻。人世间的多少父与子，母与女，都无可避免地有过这样的时刻。儿女终于成功地摆脱了父母的控制，活成了父母最不希望看到的那个样子。

亲情遭遇最残酷的尴尬：儿女用半生的奋斗挣脱父母自以为是的爱，然后用自己的成功正告父母——你们是错的！你们一直都是错的！

电影的开场真的很精彩。

在儿子炫目的成功下，站着一个猥琐的父亲。

站在徐太浪的角度看：他简直一无是处。

老婆还怀着孩子，他就因故意伤害罪被关进大牢，一关就是六年。他因此错过了儿子的出生。

这导致母亲小花一生下他，就得产后抑郁症跳楼自杀，一手导致徐太浪的成长过程中母亲缺席。

父亲出狱后，用粗暴的手段对待儿子，动辄打骂，似乎毫无温情可言。

徐太浪痴迷赛车，但父亲认为这是不务正业，使尽手段逼儿子放弃这个爱好。他希望儿子当医生，实在无计可施了，就把儿子弄进医院开救护车，结果差点儿车毁人亡。

……

总之，徐太浪的成长过程，就是和父亲不懈斗争的过程。在父子之间的硝烟滚滚中，徐太浪拿到了年度赛车的总冠军，他得意洋洋，以为自己已经完成了成长。

他要继续惩罚父亲。

他让父亲坐进自己的赛车中，让父亲体验自己高超的车技。

徐太浪疯狂地开车，使出浑身解数在父亲面前展示自己的车技。徐正太在儿子的车中被折磨成了一个可怜的孩子，晕头转向，痛苦不堪。

徐太浪得意洋洋地享受着用自己的车掌控父亲、折磨父亲的快感。

他用自己的成功，彻底把父亲踩在了脚下。

或者说，一代人把另一代人踩在了脚下，一个时代把另一个时代踩在了脚下。

然后，徐太浪的赛车和火车相撞，父子双双被送进了医院急救。

因为这次急救，徐太浪穿越到了父亲生活的、自己还未出生的 1998 年，以一个未卜先知的智者形象，来到了父亲的身边，做了父亲的一位"小弟"。

儿子徐太浪和父亲徐正太，同时拥有青春，开始一起经历一段人生。

儿子知道父亲未来即将遇到的劫难，他想阻止父亲，改变父亲的生活道路，但他发现自己做不到。

就连他自己，也被父亲的生活道路挟持。他徒知未来，却一无所用，而现实生活中的固执的、猥琐的、失败的父亲，在 1998 年居然是一个热血英雄。

他有自己的人生理想，他的理想是成为杜月笙那样的大人物。

他有自己的很纯粹的社会理想，他渴望"歌厅就只唱歌，桑拿房就只洗澡……"

他有自己的事业规划：他囤积 BB 机，以为未来会赚大钱；他大量购进录像磁带，借钱为录像厅装空调……虽然他所有的判断都是错的，但他在自己的世界里"高瞻远瞩"，与时俱进，行为坚定。

他仗义，因为深受港台剧的影响，他建立了自己的正太帮，他对待兄弟如亲人，侠义勇敢，嫉恶如仇。

父亲进监狱，也有不得不进的原因。六一为了报父亲断腿之仇送了命，父亲为了六一，必须以死相拼。

那就是他们的价值观，就是他们的生死义气。

就连明知事情后果的徐太浪，也情不自禁裹挟其中，流汗流血，以死相拼。

甚至对于母亲的死，徐太浪也获得了一个圆满的答案。

父亲和母亲居然深深相爱，笃定专一。在打打杀杀的江湖，父亲和母亲一直是彼此的唯一。

让自己长大了去当医生，居然是母亲的遗愿。这么多年来父亲的坚持，不过是顺应了亡妻的心愿。

最最可怕的发现是，在自己眼里冷酷落伍的父亲，居然是那么一个有爱的人。

……

徐太浪发现，回到父亲的时代，站在父亲的角度，他的活法，正是当时热血青年的活法。父亲，毫不猥琐，毫不变态。父亲是典型的在时代风云里奋斗挣扎的悲剧英雄，虽然以失败收场，但在属于他的青春时代，他的生命曾如红旗迎风招展，烈烈有姿。

韩寒用这个荒诞又现实的故事表达了自己和世界的和解。

没有谁的人生应该被嘲笑。

任何一种活法，都有他必然产生的理由。

每一个人都活在自己命定的轨道中，无法逆转。

外人哪怕知道这个轨道的终点在哪里，也依旧无法帮助他逃避。

这有些宿命论的思想，但更多的，还是悲悯，还是同情，还是接纳。

每个人都在走自己的路，每个人都有自己命定的路。在这条路上认真地走，全心地体验，就是值得尊重的人生。

你绝不能站在自己的时代、自己的角度，对他人的人生之路指指点点。

生命，不仅有功利价值，还有美学价值。

在世俗功利的评判标准下的不成功者，往往可能具有最大的美学价值，就如贾宝玉，就如徐正太。

在故事的结尾，徐太浪从穿越中醒来，温情脉脉地和父亲重新连接。

父与子的脸上，都是温柔的微笑。

经历了父亲的时代，徐太浪知道自己错了。他误解了父亲，他犯了人生最可笑的错误：他把自己当成了父亲人生的道德审判者。他终于知道：他没有这个资格，也不具有这个能力。

对于父亲的人生，他的正确态度只应该是：默默接纳，默默致敬。

让每一代人活成他们那一代人的样子。万千小人物的万千活法，共同构成了那个时代的生命万象。

而父亲徐正太脸上的微笑是什么含义呢？

儿子的成功在告诉他什么？

疯狂赛车里的情绪比拼又在告诉他什么？

那一定也有忏悔，一定有反思，为自己当初自以为是的残忍粗暴而后悔。

被时代"淘汰"的一代人也会成长，并不需要新一代人咄咄逼人的教训。

因为任何一代人，都已经在自己的时代里，在自我对时代的解读里，乘风破浪。

事实上，根本不存在谁"淘汰"谁。长江后浪推前浪，新的时代，都是旧时代的明镜。你照与不照，它都在那里。

两代人之间的战争，可能无法避免，那是时代向前的足音，而最后最好的选择，是彼此理解、接纳、和解。

就如太浪和正太父子之间的深深凝视，温暖一笑。

亲爱的孩子，韩寒的这个故事，让我想到了我的父亲，你的外公。

他是妈妈最心疼的人，但却也是妈妈一直埋怨的人。

如徐太浪的感受一样，在妈妈前行的路上，外公像旧时代的一个标志，一直在阻挠我，干涉我。

甚至对于外婆的死，我也一直觉得外公有他的"罪不可赦"。

看了《乘风破浪》，妈妈看到了自我的偏执。

我站在自己的时代看待外公，我看不到外公的伟大，还有他的无可奈何。

妈妈该彻底反省，完全地放下对外公的偏见。

我们要理解外公在他的时代所走过的道路，看到他的竭尽全力，看到他的梦想和他为梦想付出的全部努力。

生命的真相是：在外公的那个时代，在他自己能够拼搏的那个平台上，他已经做到了最好。

只是"看到"，只是"理解"，只是"接纳"，而放下评判，放下对错。

人与人之间，哪有什么对错？

一个时代和一个时代之间，哪有什么对错？

那么，亲爱的孩子，我在我的时代，你在你的时代，我们是不是也正在经历彼此的"乘风破浪"，因而互相质疑，互相排斥，互相伤害呢？

如果是，让我们也主动穿越一次吧，主动走到对方的时代，主动体验彼此的悲欢。

我们能不能够发自内心地呼唤：没有谁的人生应该被嘲笑。

你的人生，我的人生——都值得万般珍重，彼此祝福。

妈妈

2017/2/3

我们没有三生三世，只有一生一世

——和儿子聊聊《大唐荣耀》中的爱情

亲爱的孩子：

今天，妈妈突然又特别想跟你聊聊爱情。

或许是妈妈终于辛辛苦苦地追完了《大唐荣耀》上、下两部一共 80 多集的缘故。长长的故事看下来，心头真是堵得慌，好几天了，还是觉得不舒服。我细细琢磨，这不舒服，还真和"大唐""荣耀不荣耀"关系不大。对于国家而言，盛衰荣辱，周而复始，而今，中华民族又一次走在了超越盛唐的路上，作为时代中人，幸甚至哉，唯有珍惜，才不会辜负这个伟大的时代。

让妈妈感慨的是剧中那些人物的爱情。

爱情的质量，几乎就是人物生活的质量。

爱情的命运，几乎就是人物的命运。

研究这些爱情的质地，就是研究人物生命的质地。

儿子，你渐渐长大，爱情，也将很快成为你生命中非常重要的一部分。

一个人的爱情价值观，就是他的生命价值观。一个能够经营好自己的爱情的人，他的人生再坏，也坏不到哪里去，但认识和经营爱情，是需要学习的。

前段时间，妈妈追的是《三生三世十里桃花》。这部仙幻剧，也讲了很多种爱情。主角白浅和夜华的爱情走向圆满，经历了三生三世，这真是羡煞了妈妈。凡俗人生，如你的，如我的，也就短短几十年，我们哪有三生三世这么充裕的时间去错过、去误解、去沉沦、去重新寻找。

我们只有一生一世，所以，我们输不起。我们要尽可能在今生今世就经营好属于我们的爱情。

所以，妈妈想借《大唐荣耀》中的爱情，和你聊一聊什么是好的爱情、什么是糟糕的爱情。

妈妈觉得，故事中最坏的爱情，是张皇后和史思明的爱情。

因为，他们的爱情所折射出的是"无情"，是典型的互相利用。

张皇后入宫前，在她年轻的时候，似乎和史思明是有一段旧情的。也许，当初的感情，也是纯洁的，但当《大唐荣耀》这个故事展开的时候，我们已经看不到任何的美好了。张皇后为了巩固自己在宫廷中的地位，和史思明私通，借史思明生下了所谓的"皇子"。而后，他们之间的每一次交往，都和皇权以及利益的争夺分不开。每到关键的时刻，他们放在天平上的东西，都完全和感情无关，而是彼此的所得和所失。

这样的所谓"爱情"，结局自然是毁灭，双方的共同毁灭。

至于张皇后，她对丈夫唐肃宗有爱情吗？我看，基本也没有。或者说，在利益的争夺中，那点儿人与人之间的可怜的感情，也被早早耗空了。

儿子，现在女人圈中有一种说法：宁愿坐在宝马车里哭，也不愿坐在自行车上笑。这样的爱情观，好像还很时髦。似乎只要能够嫁进豪门，其他的，都可以不谈。

爱情，变成了交易，成了推开更高阶层大门的门票。你认同这样的爱情观吗？反正，妈妈不认同。

爱情的质量和生命的质量息息相关。钱和权可以让爱情的表面金光闪闪，但是，它无法改变爱情的内在。

你把自己的爱情做了交易，也就是用自己的幸福做了交易。

其风险，其代价，都太大了。

第二糟糕的爱情，是何灵依对李俶的爱。

何灵依本来是张皇后的死士，后来被派到了李俶身边做卧底，但她爱上了李俶，爱得很痴，很投入。

当然，李俶不爱她。自始至终，李俶都只爱自己的妻子沈珍珠。

何灵依得不到爱情，她很痛苦，她了断这个问题的方式是：我得不到他，我就毁了他。为此，由爱生恨之后的何灵依，变成了一个真正的魔鬼。她用伤害李俶珍爱的一切的方式，来发泄自己得不到爱情的悲苦。甚至到生命的最后一刻，她还妄图教唆独孤靖瑶也和她一样，彻底毁掉李俶。

儿子，这种爱情，妈妈以前在跟你聊《大鱼海棠》的时候聊到过，叫作控制型人格的爱。这种爱的实质，是占有，占有不了，就毁灭。

这种人，表面似深情，其实是变态。

爱情，永远是两个人之间的事情。我不爱你，并非是你不好，也许是没有爱的缘分。理性的人，会知难而退。因为爱你，所以，给你幸福，给你自由。放手，是该有的雅量和态度。

何灵依这样的人物，文学作品中多的是，现实生活中，也很多。

儿子，爱，是心灵的相吸，是灵魂的交融。爱，是你的就是你的，不是你的，就不是你的。爱，是强求不来的。

所以，你千万不要去做何灵依。假如未来你遇到了何灵依这样的女孩儿，也一定要态度鲜明，果断放弃，离得远远的，永不纠缠。

《大唐荣耀》中的单恋，除了何灵依之外，还有两对，也很凄惨，其命运同样惹人深思。

他们本来都是高贵的人。

一是独孤靖瑶对李俶的爱。

二是安禄山的儿子安庆绪对沈珍珠的爱。

他们都爱得同样的疯狂，不顾一切愿意为对方付出所有，但是，结局都一样让人扼腕。

独孤靖瑶对李俶一见钟情，从此，非他不爱，非他不嫁。

为了爱情，她举独孤家全部家当投唐，可谓倾尽所有。

她如飞蛾扑火一般扑向自己的爱情，哪怕面对李俶一次又一次态度鲜明的拒绝。她火力十足，百折不挠。

她以为她的美丽、智慧，还有深情，再加上家族实力，以及李俶欠她的救命之恩，她一定会赢得李俶的心。

她的出嫁，是一场豪赌。她以为石头会被她焐热，天地会被她感动，她最后一定会成功取代沈珍珠。

如果综合各方面的实际利益，她确实应该稳赢。沈珍珠哪方面都不比她强大，但爱情是不讲道理的。男人和女人之间的爱情，也许真的就是上天注定，三生石上早已经写好了的。

不管独孤靖瑶怎么努力，李俶就是无法动心。

最后，她孤注一掷，用云南贵族才有的毒药控制了李俶，并且以李俶的生命安全为要挟，逼走了沈珍珠。她以为，在没有沈珍珠的宫廷里，她就能够重获爱情。

她当然输了，输得彻彻底底。

她不懂，刻骨铭心的爱情，哪怕就是人走了，但情依旧在。

她不懂，你爱一个人，但如果你伤害了这个人最爱的人，你也就失去了这个人。

爱情，最怕的就是对立，和你所爱的人的一切对立。

独孤靖瑶真的是一个好女子。她的悲剧在于，她爱错了人。由爱生怨，然后生恨，这个高傲的女子，她最终还是做出了自己都无法接受的下作之举。幸而她最后醒悟，决定退出。她没有变成第二个何灵依，但长夜漫漫，她如何面对自己孤独的人生？

安庆绪更糟糕。

安庆绪家世显赫。既是武功一流的高手，又身怀绝世医术，但这个男人，智商奇高，情商太低。他从小到大，终生痴恋沈珍珠。为了珍珠，江山都可以不要。他对沈珍珠，不可谓不专情、不深情。似乎他一生所有的努力，就是为了得到沈珍珠，并且，保她一生幸福。

如果只看爱情，他真的是个情种，为了爱情，他做到了极致，但安庆绪的问题是，除了沈珍珠，他谁都不爱。他残忍暴虐，杀人如狂。在他的心中，没有国家，没有民族，没有他人。爱情之外，他心冷如魔。

好的爱情，注定只有一个衡量标准，那就是彼此都变得更加柔软和美好。爱情的生长，是和爱着的人一起生长的。

一个残暴的人，他的爱，其实还是爱自己。无论他看似伟大无私地付出了多少，本质上还是一种对自我利益的维护。

爱情，从来不可能只生长在二人世界之中。如果这份感情不惠及周围的世界，它一定短命。

儿子，安庆绪给我们的启示是：因为爱，请你爱这个世界。

当最后，安庆绪弃了江山，发疯地拼了命去救珍珠，终死于乱刀丛中的时候，妈妈还是看得泪流满面。一个人，不能把爱情人和爱世界很好地统一起来，他自己，必然最后成为爱的牺牲品。

《大唐荣耀》中还有一段爱情，也是很"烧心"。妈妈在给你分析于欢事件的时候，已经提到过一次了，那就是建宁王李俶和慕容林致的爱。

这本来是一段完美爱情，但最后还是被毁灭。除了宫廷争斗之外，这段爱情的节点在于：李俶依旧还是一个普通男人，他无法真正勇敢。他接受不了妻子是从妓院中被救回来的事实。

他爱慕容林致，但他无法爱慕容林致身上的缺陷。哪怕这个缺陷对于妻子而言，是无辜的，妻子本身就是受害者。

在自我的尊严和爱情的选择上，他的懦弱和虚荣心让他放弃了爱情。

他的放弃，把慕容林致和自己都送上了死亡之路。

他后来醒悟了。他终于懂得如果真正爱一个女人，那就要跟她同进同退，那就要既爱她的美丽，也要爱她的伤痕。

爱，真正的爱，就是担当。

儿子，这是李俶的悲剧，也是天下男人的悲剧，也是几千年来的女性价值观造成的悲剧。他的爱情悲剧给予我们的启示是：

爱一个人，就爱他的可爱之处，也爱他的不可爱之处。

爱一个人，就享受他的美好，也包容他的不美好。

真爱，是全部的理解，是完全的接纳啊！

儿子，《大唐荣耀》也展示了很多好的爱情。

好的爱情的特征也是一样的。那就是：

我爱你，我就信任你。

我爱你，我就要你幸福。

我爱你，我就让自己变得更美好。

我爱你，我就爱属于你的一切。

我爱你，我就让这个世界变得更美好。

比如回纥可汗默延啜对沈珍珠的爱。那样节制，那样知进知退。那是真爱。

最动人的是主角沈珍珠和李俶的爱。他们的爱，具有以下几个特点：

第一，爱起于彼此在交往中的钟情。他们相爱，不是因为李俶是皇子，也不是因为珍珠是美女才女。结婚之前，他们之间就发生了很多生动丰富的故事。这些交往，奠定了他们互相认识的基础。李俶和珍珠，是因为人品的高尚和缘分的到位而相爱的。

第二，他们的爱经历了很多考验。珍珠因为满门被杀，早期怀疑是李俶所为，所以这段爱情，风风雨雨，走得实在艰难。而一旦误会消解，他们便从此情比金坚，生死相从。

第三，爱情双方都很无私。几乎在任何时刻，他们都因为爱，而把对方的安全和幸福放在第一位。哪怕因此被威胁被挟持，他们做的选择，都是要首先保对方的幸福和平安，特别是面对独孤靖瑶为争夺爱情所设的迷局，珍珠的克制忍让、自我牺牲让人唏嘘。在时代的乱局和朝廷的乱局中，李俶和沈珍珠的互相信任，彼此扶持让他们的爱情亦如珍珠熠熠发光。

第四，这是非常重要的一点。两个人不仅一往情深，而且都身怀家国大义。

李俶是皇子，大唐又正经历安史之乱，在这样的背景下，国家利益和小家庭利益几乎时时刻刻都在冲撞和发生矛盾。但李俶和珍珠的选择，每一次都是国在前，家在后。他们的爱，超越了一己之私，是大爱。

儿子，这样做是对的。

没有国，哪有家？

就如故事中唐明皇对杨玉环的爱。唐明皇不可谓不爱杨贵妃。他们之间，应该是少有的皇帝对妃嫔的真爱，但是，覆巢之下安有完卵？一个男人，保不了自己的国，他又如何护得了家，护得了女人？

男人要拥有好的爱情，他必须强大，必须心怀天下。

当然，儿子，这毕竟是故事，沈珍珠和李俶这两个形象，实在是有些完美，他们太能为爱牺牲了。但我想，导演这样拍，是不是想表达这样的价值观：

爱，就一定让所爱之人幸福。

爱，就一定让这个世界更加幸福。

爱，一定是两个人共同的成长。

让人扼腕的是，沈珍珠和李俶的爱情最后还是一个悲剧。眼看着所有的艰难和困苦都跨越了，幸福近在咫尺了，但沈珍珠的身体不行了。因为战乱的颠沛流离，她油尽灯枯，最后选择了离开李俶，离开皇宫，独自一人到江湖上去告别这个世界。

珍珠的马车远去，已经登基的李俶扮作车夫，送爱妻出城。

此地一别，便是生离死别。

一段旷世奇恋，终成绝响。

儿子，你不知道，当时妈妈真是看得泪如雨下。

我怨恨编剧和导演，怎么搞了这么一个结局？

但想想也有道理：好的爱情，超越了一切，战胜了一切，但如果没有一个好的身体，最后，还是辜负了。

爱情，灵魂在场，身体在位，一个都不能少啊。

儿子，这就是《大唐荣耀》中的爱情故事。

我们看这些故事，除了休息，更多的还是为了和我们自己的生活形成对接。我们在别人的故事中，思考和探索活着的智慧与爱的智慧。

比如我们这个大家庭，在婚姻爱情上，就有很多遗憾。

我们的亲人中，没有离婚的人所剩无几。还有一些，也多次濒临离婚的边缘。

在所有人中，爷爷奶奶的爱情是妈妈最佩服的。当初妈妈之所以选择爸爸，有一个重要的原因，我看到爷爷奶奶很相爱，很懂爱。妈妈想，这样的父母教育出来的孩子，应该也是懂得爱的。

结果，你爸爸的表现，还真不错。

以前，妈妈写过一篇关于爷爷奶奶的爱情的文章。爷爷 90 多岁了，奶奶 80 多岁了，他们的爱情真的是全家的榜样。我附在后面，请你也好好读一读。真的，儿子，学会爱，人生便成功一半了。

最后，祝福亲爱的儿子，慢慢长大，慢慢体会爱、懂得爱、拥有爱。

妈妈

2017/5/4

附文：

公公婆婆的爱情

王君

人到中年，枉经了不少事儿，更枉读了不少书，但还是没有底气说自己懂得了爱情，直到最近才似乎略有所悟。

今年上半年，公公婆婆从老家綦江来到了北京。

公婆来京，大费周章。老公的哥哥、姐姐、嫂子、姐夫们几乎全员出动，轮椅、轿车、动车、飞机全部派上了用场才把两位老人从西部大山里的小县城"运"到了首都。

公公87岁，婆婆77岁，而且婆婆已经偏瘫七年了。两位老人风烛残年，再不下个决心，他们的"北京梦"就实现不了了。（公公今年①已经92岁，婆婆今年也已经82岁了。）

很快，哥姐撤退。于是，我和老公担当起孝子贤媳之责。我得以长时间地、近距离地和公婆相处。其中点点滴滴的感受，一言难尽。

最让我感慨的是公婆之间的爱情。

我高中时代就在老公家出入，公婆似乎二十年前就很恩爱，他们家的

---

① 2017年。

家庭气氛也因此相当温馨，这是婆家吸引我的一个重要原因。我娘家的父母是吵了一辈子，打了一辈子，最后不欢而散，以至于不堪回首。我的内心有伤痛，所以对所有恩爱的家庭都心生羡慕。当初和老公最后能够走到一起，他的父母是功不可没的。但从孩提时代我就有一个疑问，而且这疑问一直持续到今天。

在所有人的眼里，公婆似乎都并不相配，但是他们一辈子却异常和谐。

我非常欣赏公公。公公一表人才，按照现在的说法是相当的"帅"和"酷"。就算今年87岁了，依旧风采不减当年。他一头银发，五官坚毅，腰板挺直，谈吐智慧，气质高雅，相当有派头。公公是中华人民共和国成立前的高中生，在我们当地，在同龄人中算是文化程度相当高的了。公公青年从军，军旅生涯三十多年，走南闯北，做过领导，虽然职位不高，但颇有见识，第一次大裁军时才带领全家从广东返乡。公公还喜读书，擅诗词，爱书法。如今一眼看去，依旧是一老年美男子。

我非常以公公为荣，每每出门，很喜欢搀扶着他走。一来他为人谦和宽厚，对后辈相当好。二来他精神矍铄，华发童颜，跟一"老帅哥"同行，每每跟人介绍，自己都觉得很光荣。

但婆婆完全是另外一个样子。

公公说婆婆当年绰号"代胖"（婆婆姓代）。比起公公，婆婆确实长得不算好看。我看过婆婆年轻时候的照片，还是不好看。不是不好看，是相当不好看。她和英姿勃发、俊朗飘逸的公公站在一起，无论如何你都觉得不搭界。不仅模样，性格为人也似乎并不"门当户对"。公公颇有大户人家男儿的气质风度，为人处事得体高贵，但婆婆却是典型的农村妇女的形象和性格。虽是小学老师，但鸡毛蒜皮，婆婆妈妈，多少有点儿小家子气和尖酸刻薄。不仅是我们几个儿媳妇颇有微词，就是她自己的儿子女儿，也常常和她发生矛盾。婆婆极勤快，当年也早早就随军离开农村到了城市，但她终生保持着农村妇女的生活、思维、表达习惯。这和我们多少是有些不合拍的。

但奇怪的是，公公婆婆一辈子就没有红过脸。他们自己是这样说的。就我有限的观察，确实也是这样。

到了北京后，更加印证了这一点。

老两口已经走到人生的暮年了。婆婆本就不喜打扮，年轻时就不爱收拾自己，一辈子都是农妇形象，人老了就更不用说了。加之瘫痪多年，常年在床上、沙发上、轮椅上过日子，那形象就更不好看。虽然比公公还小十岁，但一眼看去，大公公十岁都不止。

但公公却极为疼爱这个老妻，疼爱了一辈子。

公公身体健康，不仅自己能够自理，而且在我们忙不过来的时候，伺候婆婆的日常生活就成了他的工作。事实上，自从婆婆瘫痪后他就成了婆婆的"贴身保姆"，他干得很快乐，极有耐心，从来没有过一句怨言。俗话说久病床前无孝子，他是久病床前有贤夫。他给婆婆打洗脸水漱口水，给她洗澡，扶她坐在简易的移动坐便器上大小便，给她洗屁股，穿衣服。他还推着移动椅子听从婆婆指挥把她从这间屋送到那间屋。当我们做的饭不甚合婆婆的口味时，他就亲自下厨房。他还别出心裁地把我们家的菜板用起来，先把小凳子放在茶几上，然后把菜板放在小凳子上，给婆婆临时做了一个小桌子，让婆婆以最舒服的姿势吃饭。这是我们想不到的啊。婆婆吃饭时，他随时关注。有时候给婆婆揩一揩嘴角，有时候给她理一理散落在额前的头发，有时候给她舀汤夹菜，比我们细心耐心十倍。有一次，他还把我的针线找出来亲自给婆婆缝拖鞋，除了穿针比较困难外，他专心致志用针线的样子好可爱。

我常常表扬他，他不好意思地说：当年啊，我忙工作，总不能回家，几个孩子都是你妈一个人拖大的。现在该我还债了……

他们当年随军在海南岛，条件很艰苦。据说婆婆生下你爸后，公公还没有见着就差点儿被人讨要了去，幸好婆婆坚持不送给别人。这件事成了婆婆现在叨念得最多的事情之一。

我回想起以前在老家的情景：公公永远是站在婆婆一边的。公公明理，婆婆有时候却有点儿像难缠的市井妇女。但是在儿女面前，我从来没有看见过公公和婆婆对立。按照我们的话说：他们永远是最巩固的联盟，永远一个鼻孔出气，一致对外。

公公永远有办法不失风度地站在婆婆一边。

我还知道，他们过了一辈子，婆婆是不掌握家庭经济的。管钱的事儿，永远是公公说了算。婆婆高兴的时候，总是戏谑：我从来不知道家里有多少钱。

这让我很惊异。平日里，婆婆强势，琐碎，斤斤计较，难免市侩。但是，她和儒雅英俊的公公却似乎从来没有矛盾。

在我家，婆婆几乎已经变为了一个老孩子。她不仅生活需要我们伺候，她的思维和表达也常常像个孩子。如若她有念叨不合理的要求，公公便像年轻时候一样附和，绝不反对。实在觉得有点儿难为我们了，他便意味深长地叹息一句：你们妈该……"该"是家乡的一个叹词，这个词语的言外之意很丰富，总之就是认同，是将就，是包容，是顺从……是理解老妻的所有愿望，不管它合理与否，并且希望我们满足。

每当听到公公叹息：你们妈该……我和老公便立马行动。公公的这声叹息回应的是婆婆的撒娇。这，我们懂。

公公的生活几乎是围绕着婆婆转的。他清晨必出去晨练，但总是早早去早早回。他回来的时候，婆婆一般还在睡觉。他便坐在床边看书。不一会儿，就听见他在好脾气地问：睡还是起啊？不像是对妻子说话，倒像是对还赖床的儿女说话。那场面很是温馨感人。

他们彼此从来都是直呼大名，我没有听见过他们喊昵称。

我们给公公出过几本诗文集。其中最感人的篇章都是写给婆婆的。记得在婆婆的七十大寿上，公公当众朗诵写给婆婆的生日贺词，文采斐然，一往情深，听得我们小辈唏嘘不止。

看到公婆，你就会明白一些以前经常读、经常唱但不甚了了的词句。比如说，"相濡以沫"；比如说，"把你当成手心里的宝"；比如说，"和你一起慢慢变老"；比如说，"执子之手，与子偕老"……

我爱打趣婆婆，说：妈，你嫁人真是嫁得好啊，你看爸爸一辈子都对你这么好，这么宠你，下辈子还嫁他啊！婆婆便红了脸说："不晓得他下辈子干不干哟！他肯定不干哪！"我们便笑。公公很诚恳地马上说："干干干，我还娶你！"全家便洋溢起了欢乐。

在我看来，现在的婆婆是一辈子最漂亮的时候。她脸色白皙红润，慵懒而幸福。那当然，公公是呼之即来，挥之即去，每个细节都努力做到完美。婆婆有资本自信，她的自信是自己的男人宠出来的。

公婆的爱情在我的眼里简直就是传奇。他们超越了我对爱情的全部想象，让我不断回忆起张艺谋的电影《我的父亲母亲》，还有《山楂树之恋》。在爱情越来越成为"快餐"甚至成为商品时，当现代人都惧于谈爱、耻于谈爱的今天，我觉得我真是幸运：每一天在家里都能看到最经典的爱情故事日复一日、年复一年演绎。这让我相信，在这个世界上，爱情真的是有的。它超越容貌、门第、个性，更超越岁月。它让我对生命多了些笃定、淡定和信心，当然，还有浪漫。

写于 2011 年 10 月 5 日

我们和父亲终将有一场大战
——从《摔跤吧！爸爸》说起

亲爱的孩子：

这封信稍微有点儿长。

如果你一次看不完，那就留着，未来慢慢看。

今天我们全家去看了《摔跤吧！爸爸》。是不是感想很多？是不是很想和妈妈聊聊？

儿子，如果我们这一生只能选择一个影视明星作为偶像，不知你会选择谁。但现阶段的妈妈，肯定选择阿米尔·汗。

2014 年的暑假，妈妈几乎看完了阿米尔·汗的所有作品。

他的《三傻大闹宝莱坞》和《地球上的星星》是妈妈看的次数最多的两部作品。因为我是教师，我需要最好的电影来帮我阐释理想中的教育价值观。在我的视野中，只有阿米尔·汗做得最好。所以我倔强地向我的一届又一届学生推荐这两部电影。因此我这些年来也在反复研究它们。而我的学生，从成人到高中生、到初中生、到小学生，无不被阿米尔·汗征服。

一个演员，他只能用他的作品说话。

阿米尔·汗，被称为"印度的良心"。其实，他也是电影的良心。

一个电影人，能持续思考探索自己的民族乃至于人类的终极问题，能部部作品都成为精品，这已经不易。阿米尔·汗的可贵之处是，他还能创造出独树一帜的、特别耐看耐听的电影表达形式。

有思想的人多了，但能够让思想征服几乎所有年龄段的观众，这才是奇迹。

用电影语言表达同样的一个道理，有的导演会拍得复杂高深，拍得人看不懂，看得很痛苦，这好像也算本事。而有的导演却有能力拍得简单清晰而又人人都为之唏嘘、沉醉。

这才是最了不起的能力。

儿子，妈妈隆重向你推荐阿米尔·汗，你可以适当关注这个演员。他不仅会给你带来快乐，也可能会带你踏上一条新的生命大道，因为一部电影而重新规划自己的人生和事业。阿米尔·汗，就有这样的魔力。

关于《摔跤吧！爸爸》的影评已经太多太多了。妈妈想和你交流的，是关于父女斗争、父子斗争的故事。

我们也把这次讨论送给爸爸，好吗？还有几天就是他的生日了。今年，你将远行，而爸爸妈妈，也将投入另外一个生命战场。我们一家的共同成长，很快将会以另外一种形式出现。

在这样的光荣而庄严的时刻来讨论父子关系这个问题，应该很有意义。

《摔跤吧！爸爸》不仅是一个励志故事，一个反思女权的故事，一个教育故事，它也是一个探索父母与子女关系的故事。

故事的结尾，阿米尔·汗终于把女儿拥在怀中，告诉女儿"你是我的骄傲"。这个时刻，是父女真正和解的时刻，是这对父女真正彼此接纳融合的时刻。

这个时刻，许多父女、父子，终生也未能等到。

父亲和女儿、儿子之间的斗争，几乎是人类所有斗争中最永恒的一种。

阿米尔·汗把自己的女儿培养成了世界冠军，他何其成功和幸福，但女儿成长的过程，也是他与女儿们旷日持久的斗争的过程。

他是爱女儿的，这无可置疑。如果不爱，这些小丫头不可能在女性歧视登峰造极的印度、堕胎比例最高的印度，一个一个被生下来。

阿米尔·汗之最爱女儿的表现，乃是当他发现了女儿的天赋后，他便下定决心要把女儿培养成为世界级的摔跤冠军，为国争光。这既是他青年时代未曾实现的梦，更是女儿们天赋乍现之后一个父亲的超凡敏感和伟大决策。

他爱女儿。他决不能白白浪掷了女儿的天赋。一位父亲的爱如此决绝，并且从此以"非人"的形式开始表达。

父亲的爱，接受起来是很艰难的。

他爱你，便不管你理不理解、同不同意，也要把你赶到最能够展示你天赋的决斗场上。他不准你退缩，还懒得解释。

他爱你，便让你承受"残暴"的训练，让你没有童年，让你上课累得打瞌睡，让你剪掉长发当假小子养，让你从小活在众人的奚落嘲笑声中。他不准你软弱，也懒得讲道理。

他爱你，便竭尽所能拿出所有来成就你。他自己亲自挖坑搭棚子作训练场，他厚着脸皮为你去赊肉，他为你跟别人打架，为你低下高贵的头颅，他甚至为你不惜破坏了信仰……他很穷，但他不准你匮乏。

他爱你，他便有顽固的自大。他坚信自己的训练方法是对的，他坚持着一定要陪伴你走到最后。他在和你必需的分离之中孤独着、痛苦着……他爱你，但他也控制你。他不太懂女儿内心渴求的那种自由，他坚硬得像块钢。

……

孩子，这就是父亲的爱。不仅《摔跤吧！爸爸》中的父爱是这样的，几乎所有的父爱都有共同的特质：父亲很爱很爱很爱，爱到了骨髓里，爱到了血液里。这份爱，确实如山，高大深沉，但却也锋利如刀，儿女们一接触，便寒光耀眼，让人生生地感觉痛。

这几天，妈妈在追甜蜜绵软的《欢乐颂2》，幽默喜悦的现代都市剧中的父亲之爱，依旧每一种都天然自带沧桑。安迪的父亲，包奕凡的父亲，樊胜美的父亲，关雎尔的父亲，邱莹莹的父亲……不管其社会地位和人生命运如何，他们的爱仍是温情与专制齐飞，博大与狭隘共色，一点一滴，渗透在儿女们的生活中，亦幸福，亦伤痛。

故事中的每个人都在和父亲作斗争——虽然呈现的方式不一样。

父爱，天生就是荆棘，带着刺，甚至带着血。

所以《摔跤吧！爸爸》是一个女儿们旷日持久地和自己的父亲斗争的故事。

可能跟你不一样，这个故事有两个镜头最感动妈妈。

第一个镜头，是属于父亲的。女儿获得了地区级别的摔跤冠军后，阿米尔·汗开始向新的训练高度进军。女儿没有见过正规的摔跤场，当地体育机构也拒绝提供帮助。最后，阿米尔·汗只能"画场充饥"，在白纸上画了漂亮的比赛场地讲给女儿听。当这张色彩鲜艳的图画突然呈现在屏幕上的时候，妈妈热泪盈眶。

妈妈当过女儿，妈妈懂。这是一位父亲最伟大也最心酸的发明创造，他以这样的方式，告诉女儿：未来是多么的美好，多么地值得去为之拼搏。

做父亲的，从来不管女儿可不可以望梅止渴。父爱管不了这些。父亲的温柔，往往夹着枪带着棒。

所以，女儿要真正感受到这份爱的温暖，需要心智成长的洪荒之力。

第二个镜头，属于女儿，或者说，属于战胜了父亲的女儿。

吉塔进入国家体育学院之后，变化很大。她开始自由放飞自己，不再能够以一名顶尖优秀运动员的标准要求自己。她进入了叛逆迷茫期。她学到了摔跤训练的新的方法技巧，但父亲并不认同这些时髦的法子，于是在自家从小进行启蒙训练的泥地上，吉塔和父亲有了一次父女俩的华山论剑。

结果是，父亲失败，女儿胜利。

在这场斗争中，女儿并未给父亲留任何脸面。她步步紧逼，以青春的强悍，让已经进入老年的教练父亲，在自己面前一败涂地。

这是一个标志性的时刻。

女儿战胜了父亲。在和父亲漫长的既爱着也恨着的斗争中，女儿终于大胜而归。

这是一代人对另一代人的否定，一代人对另一代人的征服，但，父亲是不可以被征服的。所以，电影中的父女关系进入冰点。吉塔和父亲分道扬镳，从此不再聚首。

从征服到和解，便是吉塔的冲冠之路，千难万险，千辛万苦，千回万转。这对父女的冰释前嫌之路，亦是一条冲冠之路。

电影高潮之中的父女拥抱，以及父亲对女儿的发自内心的赞美，和吉塔的金牌一样，简直是用命换来的。

电影后来的故事，是女儿终于认识到教练的无耻无能，她重新回到了父亲身边，靠父亲的指导最终走向了冠军的领奖台。

其实现实比电影故事残酷得多。现实版的情况是：父亲的训练方法确实被"淘汰"了。吉塔到了体育学院之后，在国家级教练的指导下，成绩突飞猛进。父亲心甘情愿地成了教练助手，他既没有和教练作对，也没有被关小黑屋。在女儿的冠军之路上，他只能目送女儿的背影渐行渐远。

他终究只能停留在自己的时代。

其实如果按照现实来拍，这个故事同样感人，甚至更感人。

父亲无论怎么爱，这份爱还是会过时的。

他追不上女儿成长的脚步，追不上时代的脚步。

成为落伍者，是他的必然。

电影同样可以探讨这个问题：已经落伍的父亲，如何修复和创造对女儿的爱。

这个话题更沉重，更具有现实性，比起电影欢乐完美的大结局，更有挑战性。

儿子，妈妈跟你分析《摔跤吧！爸爸》电影中的父女之爱，实在是因为，妈妈想起了你的外公、我的父亲，对我的爱，以及我对他的爱。

我好像和外公也一直在战斗。

我当然是爱外公的，这毫无疑问，但我对你外公的爱，一直很复杂。

我对他有怨恨。这种怨恨，直到成年之后，才完全消解。

小时候，我怨他。以我的眼光看，他对我和你大舅舅很粗暴，对外婆也很粗暴，他还酗酒。我从小被无休无止的家庭战争裹挟，像惊弓之鸟，活得小心翼翼，自卑萎缩。

后来外公外婆离婚了，这是我期盼已久的事情。他们分手，硝烟才会平息，和平才会到来，我才可能有安宁日子过。他们不离婚，我便永远生活在吵架打架的水深火热当中。

我也心疼你外公，但我更同情你外婆。在当时的社会背景下，外婆离婚再嫁，仅仅是社会舆论的唾沫星子，都要把人淹死，更何况其他困难。

但作为女儿，我坚定地站在了外婆一边。

原因很简单，以女儿的视角看，你的外婆一辈子都没有得到幸福；而她应该得到幸福啊！

儿子，妈妈从小就这样，爱着你外公，也怨着你外公。

这份无比矛盾的情绪，一直持续到成年。后来妈妈有了你，有了行走四方的经历，见到了人世间更多的悲情故事，才慢慢理解了你的外公。

他不是不爱外婆，但他实在缺乏爱的能力。

他不是不想对我们温柔，但他实在缺乏温柔的能力。

为了我们这个支离破碎的大家庭，他已经奉献出了他的全部，但最后，他哪个人都没有讨好。

他的所有的"不好"，都是因为他所处的时代以及他成长的环境给予他的思维方式和行动方式。

这些思维方式和行动方式，让他没有足够的力量抵御时代的发展洪流。

跟阿米尔·汗一样，他的落伍是必然的。

但在他的时代，他已经竭尽所能，他已经做到了他可以做到的最好。

你的外公，是一个伟大的父亲。

年轻的时候，妈妈在一篇文章中，写过我的忏悔：

……

继母还没有讲完，我就哭了。我哭着跑到厨房门口，从门缝里看父亲。父亲正哼着小曲在理菜，头发花白了，腰杆也挺不直了。父亲不会发现我在看他，他的耳朵很多年前就已经很不好使了……

而我看过父亲年轻时的照片，他穿着军装，非常的英武、帅气。

我站在门口任泪水肆虐。因为母亲的缘故，很多年来，我都埋怨父亲，不太和他亲近。但此刻，我却非常想冲上去拥抱他，把他花白的头拥进我的怀里，用我 25 岁的年轻的脸去"亲吻"他的额头……

但是我没有，我 25 岁了，父亲 55 岁了，我们彼此从不直接表达我们的感情……

而此刻，11 年前的事情，却在这个有些阴郁的 2005 年的 11 月初的傍晚，因为我的儿子的一次意外变故，呼啦啦地全出现在了我的眼前。

我似乎又看到父亲一动不动地躺在綦江河边上，三轮车压在他身上，七月灼热的阳光压在他身上，半边街上重重叠叠的看客的目光和指指点点压在他身上……

我又一次泪如泉涌。我冲进客厅，把正在看动画片的儿子抱在怀中，我使劲地亲儿子的头和脸，亲得儿子嗷嗷大叫。

我不管，我似乎抱着的是父亲的头。

泪，就让它流吧……

儿子，这就是妈妈的忏悔，对我的父亲、你的外公的忏悔。

外公活得最艰苦，也最顽强。

妈妈之所以成为现在这个样子——如果说妈妈对生活还有一些理解，对爱情还有一些理解，对事业还有一些理解的话，都是因为站在你外公的肩膀上。

外公以他独一无二的人生，为我后来的成长划定了一条匪夷所思的起跑线，也奠定了非同寻常的基础。

我们永远不能否定父亲在我们的生命中的重要作用。哪怕在一些成长阶段，我们可能认为这些作用，有的是血淋淋的，不可以接受的。

所以，中年以后，妈妈从朱自清的名篇《背影》中，终于读出了自己在青年时代完全读不出来的东西。我写道：

> 平日里，我们说男性之美，常常用形象之伟岸，精神之刚毅，风度之儒雅，情怀之博大，行为之果断，语言之利落等来形容。但是，这些，都和《背影》中的父亲形象不沾边。但这恰恰是《背影》的魅力所在。父亲的形象当然是"美"的，但这种"美"，其实是通过"审丑"得来的。它不是传统的"男性"之美，而是独特的"父性"之美。父性美的内涵远远厚重于男性美，它来自生命的锤炼和生活的积淀。它甚至以抛弃男性美作为成熟的标志。父性美常常和坎坷曲折结盟，它不断证明着一个惨痛的真理：爱，不仅仅是关心、体贴、融合、奉献、温情、蜜意；爱，还是矛盾、斗争、忍耐、等待、求和……朱自清《背影》之出色，就在于表现出了磨难中挣扎着生长的父性之美：身处乱世的凄惶，家道中落的伤感，母亲离世的悲凉，事业衰颓的辛酸，父子生隙的隐痛，送子远行的牵挂，无涯代沟的尴尬，年事渐高的颓唐，死期将至的惶恐……所有的一切，父亲都背负在赢弱的肩上。于是，一个时代的风雨飘摇，一个家庭的凋零没落，一对父子的情感战争，一个男人的事业败退……这些，都成了《背影》的解读符号。
>
> ——节选自王君《生之苦痛和爱之艰难——〈背影〉再读》

儿子，经历了那么多的岁月，妈妈才似乎渐渐读懂了一点点外公，也似乎和外公和解了。少年时代的那些怨恨，已经没有了。这些年来，妈妈在事业上的奋斗，在对婆家和娘家的慷慨付出这些事情上，大概也很让外公心安。

在老人家的心里，应该会认可妈妈是个好女儿的。

可是，妈妈和外公的"斗争"，依旧没有完全停止。

比如妈妈爱写点儿东西，这大概是遗传了你外公的优质基因。你外公当初就是凭着一手好文章，面都没有见，就俘获了你外婆的心的。所以，现在，外公对妈妈发表在微信公众号的文章，也几乎篇篇读，篇篇评。

外公的很多点评，常常让妈妈读得起鸡皮疙瘩。

因为外公的文字腔调，完全是二十世纪五六十年代的。

那是你，也是妈妈，无法理解的一个时代。那个时代，阶级斗争是主题，每个人天天都睁大着眼睛，竖着耳朵，规避着关于政治的问题。

你的外公，来自那个时代。他的很多生活方式、思维方式，依旧属于那个时代。

他以保护女儿的拳拳之心审查着我的文字。大概他觉得我对政治实在是太不敏感、太粗糙、太无知了。

他便留下文字教训我，毫不客气，好像我不是 45 岁，而是 15 岁。

他的教育，常常让我哭笑不得。解释不是，不解释也不是。

我不胜烦扰，终于祈求：爹啊，求你不要跟我纠缠了……

微信发过去，便又后悔：你的"奔八"了的外公，固执的外公，会不会因此而受伤害？

我便又自责：哎，我这个当女儿的，什么时候，心才能再宽大一点儿。不管任何时候，都能主动和父亲止战——不管他说什么，不管他说得在不在理，都当他是对的。

就因为他是父亲啊！

儿子，妈妈人到中年，渐渐读懂了下面这篇小文章，并且笃信，外公是读不完的大书，妈妈必须用一生去读。

父亲与儿子

七岁："爸爸真了不起，什么都懂！"

十四岁："好像有时候说得也不对……"

二十岁："爸爸有点落伍了，他的理论和时代格格不入。"

二十五岁："老头子一无所知。毫无疑问，陈腐不堪！"

三十五岁："如果爸爸当年像我这样老练，他今天肯定是百万富翁……"

四十五岁："我不知道是否该和'老头'商量商量，也许他能帮我出出主意。"

五十五岁："真可惜，爸爸去世了。说实在话，他的看法相当高明。"

六十岁："可怜的爸爸！你简直是位无所不知的学者！遗憾的是我了解您太晚了！"

亲爱的儿子，这就是妈妈和你外公的故事。不知你听了，会不会觉得是天方夜谭。

妈妈之所以有那么一点点领悟，也有你的功劳。

有一天，在和你的交流中，我忽然醍醐灌顶：如果我感觉你外公的诸多言论又老又土得可以进入博物馆的话，那是不是妈妈和你的诸多自以为还时尚、还前沿的交流，其实也同样又老又土得让你天天都在忍受而我却不自知呢？

这个顿悟让我泪涔涔而汗潸潸。

如果新一代人永远占领认知和道德的制高点，那是不是父亲和子女的斗争一定会永无止境呢？

　　想到这里，儿子，妈妈忽然想说一声"对不起"：请你原谅妈妈的狂妄自大和自以为是 —— 一定有过以及正在发生的狂妄自大和自以为是。

　　读懂父亲，要用一生。读懂儿子，是不是也要用一生呢？

　　最后一个部分，妈妈想写给另外一个父亲。儿子，你的父亲，我的老公。

　　你和你父亲的故事才开始展开，一切，妈妈都唯有祝福。

　　你应该感到幸运。你的父亲，妈妈的老公，生来温柔。

　　他既不固执，也不强硬。对妈妈，对你，他都有十二万分的耐心，但这并不等于说，你和他之间，永远不会有一场大战。

　　还记得吗？你的最后一次挨打，你的第一次离家出走……都是你对父亲的宣战。

　　我们的幸运在于，你和你的父亲以及妈妈，都是反思能力非常强大的人。我们都愿意改变，且有改变的能力。

　　所以，我敢肯定地说：我们的家现在很温暖，很和谐。我们的家永远不可能出现妈妈幼年时代的悲剧。

　　你的外公和外婆，用他们的失败，为妈妈后来经营自己的家庭提供了最好的参照。

　　所以，没有什么痛是完全没有价值的。

　　老一辈的痛苦和失败，其实，就是为后代超越他们付出的代价。

　　妈妈没有挥霍这些代价。

　　我赢了，我的父亲母亲就不会全输，但儿子，对自己父亲的认识，是一个终生的课题。就像妈妈对老公的认识，也经历了半生。

　　妈妈曾经写过一篇文章，叫《今生嫁给一头猪》。今日抄录在这儿，你读一读，也许，可以帮助你认识你父亲。

在你成长的过程中，当你怀疑你父亲的价值时，请想想妈妈的这篇文章。

今生嫁给一头猪

俺老公，71年生人，属猪也。结婚20多年，观其行为，确有"猪性"，遂自称"养猪专业户"。

初，是埋怨也！

你看这猪老公，不爱整洁，性甚邋遢，家如猪窝了，亦视若无睹，安之若素。我若出差，家里可十天半月不开伙，十天半月不扫除。冷锅冷灶，顿顿外卖；满屋狼藉，不堪入目。但俺老公，在这猪窝之中，安度时日，怡然自得。油瓶倒了不扶算什么，家里就是猪粪成堆，他也根本看不见。

不仅脏如猪，且懒胜猪！

这二十多年，同样的桥段循环上演：一旦哪天我心情不好了、抑郁了，猪老公的日子就不好过。我必从1991年谈恋爱开始，历数他的滔天罪状。那真是字字血泪，罄竹难书啊！比如我20岁生日他居然没有表示啊，比如我临盆在即他还跟老刘在外边疯玩啊，比如我在产床上挣扎一夜一眼未闭他居然睡得跟猪一样啊，比如我天天熬更守夜半夜喂奶，儿子还是号哭不止他却鼾声如雷从不援手啊，比如家里买了房子几年了他都不知道是哪个楼盘哪个楼层啊，比如饭在电饭煲里都霉了、臭气熏天了，他居然高卧无"闻"啊……

总之，越说越多，越说越气，凄凄惨惨戚戚，一把鼻涕一把泪，若不是已经成一中年老大妈，年长色衰，实在底气不足，否则，干脆一鼓作气杀到民政局，离了算了。

后来闺蜜们聚会多了，聊天多了，发现一个奇景：不是俺家里养了个猪老公，人人家里都养了个猪老公呢！劳苦姐妹们无不一肚子苦水！谈到老公，个个恨不得剥其皮，啖其血，食其肉。血海深仇，擢发难数啊！

看来，"猪老公现象"不是个别现象，而是普遍现象。既是普遍现象，便有研究价值。从此多了心眼，换了角度，常常思考"猪老公现象"，渐有所悟。

年岁更长，至中年，悟更多。

首先，男"性"，"猪"性也。其突出表现为身在猪窝成猪，进入狗窝成狗，脏不可耐，忍无可忍。故有哲人云：若无女人，男人均成野兽。此言不虚也。

但此性，亦男子心宽之体现也。其逻辑乃是：猪窝狗窝，不要人命，均可做人窝，如何歇不得？如何住不得？生活细节，鸡毛狗碎，勉强即可，何必上纲上线？安脏乐道，随物赋形，堂堂男人生存之道也！看你们女人，把擦地板洗被单当成家国大业，活生生把自己累成黄脸婆还自诩女人动物比男人动物高等，真是滑稽！真是荒唐！

话虽糙，但气过之后再琢磨，有道理。

观各行各业，高手均是男人。就连妇科、美容、做胸罩的，翘楚也为"猪老公"们。是女人智商不如，抑或努力不够？非也！女人一辈子，被各类生活细节捆缚，讲究太多，分心太多。殊不知，男人们在家里做猪，憨头憨脑，从不闲操那个萝卜淡操那个心，保存了能量，积攒了内力。一旦出了家门，猪相无，狮相立现。个个雄赳赳气昂昂，虎虎威猛，驰骋天下。而你我女人们，长期在家里气势汹汹地跟一个破厨房、一堆脏衣服宣战，消耗了元气，浪费了能量。真到了职业战场了，我们才是毫无战斗力的"猪女人"，折腾不了几下就气喘吁吁，不堪一击，败下阵来。

所以，我们应该向"猪老公"们取些真经：生活上，不要太较真。家嘛，又不是五星级宾馆，脏点儿就脏点儿，乱点儿就乱点儿。适当做做"猪婆""狗婆"，与猪老公你呼我应，你不挑水我不劈柴，你不耕田我不织布，这日子，还能死了人？不也照样过得乐滋滋的？

此乃一悟：女人，如多些"猪性"，则少些"劳形"，起码对驻颜有益也。

有一阵，我母性大发，对儿子管理甚严，遭遇反抗。小子哇啦哇啦叫嚣：我喜欢爸爸，讨厌妈妈！

我不禁怒向胆边生，悲从心中来。想你老娘，在家里给你们一大一小两头猪做奴隶，劳累得腰酸背痛花容早衰，居然落得如此下场！于是辗转反侧，一夜未眠，痛定思痛，决定深入研究"猪老公"。

不研究则已，一研究惊骇：猪老公，高人也！

一高，从不指责，从不抱怨。老公自己安居猪窝，无怨言，但即便老婆懒惰罢工，不扫除，不做饭，家庭形象社会形象都不堪入目、一塌糊涂，自己都讨厌自己了，此猪老公，也绝不嫌弃，绝无抱怨。对己松，对人亦松。而我呢，对己严，对人亦严。相比之下，有境界高低之分也。

二高，要求少，无改变他人之欲。我对儿子，事无巨细，都有要求，都要苛责。一双眼睛"胶"在儿子身上，随时准备发现其问题，揭露其底细；一张嘴干脆就生在儿子身上，随时准备发布其不良表现，传授其成功秘笈。但猪老公呢，总是"呵呵呵呵呵呵"，看见当没看见，永远和颜悦色，循循不诱。这样的老爸，哪个儿子不喜欢？

后来读心理学，书上说：男人都是天生的教育家。女人们，快把教育大权还给老公吧！

醍醐灌顶！急急照办，且用心跟猪老公学习。不仅母子关系迅速缓和，而且，修行功力剧增。

此乃二悟：女人，若也多些"猪性"，便大度宽厚，温柔慈爱，受人欢迎也！

此事对我影响甚大，后来反观自己：为人处事上，猪性少，狼性多，遇事喜欢大包大揽包办代替。不是老公无用，实在是自己好强；不是老公无用，是自己不用老公。

从此潜心修身，悉心改错。凡事不再示强，从头学习示弱。老公是猪，便要有驭猪之道：猪好脏，就让他脏点儿；猪好睡，就准他好好睡；猪爱哼哼，便也学着哼哼……等他睡醒之后，再哼哼着安排他点儿事。猪老公做事，是不会雷厉风行的，但那是他的节奏，也就随他去了。一辈子那么长，早点儿晚点儿都一样。

慢慢发现，其实，只要放权、给权，猪老公也能办事，很能办事。某些事儿，还办得相当漂亮。

而且醒悟，其实猪老公很爱干净。你看那猪爪子做的笔记，学生时代就是极品，大家争相传阅抄袭。猪爪子做的 PPT，创意又时尚，我怕再学一辈子也赶不上。每每外出，收拾旅行箱，我总是搞不定那些杂物，猪老公的猪爪子总有神力，三下五除二就安排得井井有条，看得我目瞪口呆。这几年，猪老公爱上厨艺，能够短短一两小时就操持出一大桌菜，色香味俱美，把我的水平抛到了 18 条街以外……

于是忏悔：此猪甚有灵性。我为啥以前都看不见呢？

其实，犯病的是我。自以为是病，狭隘小气病，怀疑不信病，唠唠叨叨病……一度病得不轻，差点儿病入膏肓。

幸好及时内观，自我反省，主动疗救，方没有造成家庭分崩离析之颓势。

从此天下太平，一栏猪：猪老公，猪老婆，猪儿子，你侬我侬，相亲相爱，不美老虎不美狮也！

这便是我的故事。但愿给还在被"猪老公"气得嗷嗷叫的姐妹们一点儿能量。

嫁鸡随鸡，嫁猪随猪，咱做好"养猪专业户"，随他们去吧！

（2016/8/24）

孩子，这篇文章送给你，这是妈妈以妻子的名义，请我的儿子，善待我的老公。

　　还有一首诗，也记录在这儿。这样的文字，在等待你成长。当你能够读懂它们的时候，你便真正成了一位父亲。

父亲老了

父亲老了
站在对面
像一小截地基倾陷的
土墙

国庆节我赶回老家
父亲混在村头的孩子中间
固执地等我
父亲对我的态度越来越像个孩子

我和父亲说话
父亲一个劲地点头
一时领会不出我的意思
便咧开嘴朝我傻笑

我和父亲一同回家
胡同口的人都扭着脖子冲我俩看
有一刻
我突然想给父亲做一回父亲
给他买最好的玩具
天天做好饭好菜叫他吃
供他上学，一直念到国外

如果有人欺负他

我才不管三七二十一

非撸起袖子

揍狗日的一顿不可

我亲爱的孩子，未来的一位父亲，祝愿你比你的父亲做得更好。

祝愿你和你的儿女，不再有大战。

祝愿你的儿女得到的温柔和爱，比你曾得到的，还要多。

妈妈

2017/5/21

图书在版编目（ＣＩＰ）数据

亲爱的孩子，见字如面 ：陪孩子走进青春期 ／ 王君
著. -- 重庆 ：重庆大学出版社，2018.10
ISBN 978-7-5624-7598-9

Ⅰ . ①亲… Ⅱ . ①王… Ⅲ . ①青春期—家庭教育
Ⅳ . ①G782

中国版本图书馆CIP数据核字（2018）第233965号

亲爱的孩子，见字如面：陪孩子走进青春期

QINAI DE HAIZI, JIANZIRUMIAN: PEI HAIZI ZOUJIN QINGCHUNQI

王 君 著

责任编辑：温亚男　　装帧设计：袁兴龙
责任校对：邬小梅　　责任印制：张 策
*
重庆大学出版社出版发行
出版人：易树平
社址：重庆市沙坪坝区大学城西路21号
邮编：401331
电话：（023）88617190 88617185（中小学）
传真：（023）88617186 88617166
网址：http://www.cqup.com.cn
邮箱：fxk@cqup.com.cn（营销中心）
全国新华书店经销
重庆市正前方彩色印刷有限公司印刷
*
开本：880mm×1240mm 1/32 印张：9 字数：220千
2018年10月第1版 2018年10月第1次印刷
ISBN 978-7-5624-7598-9 定价：59.00元